我用86封信把孩子送进北大

马国立◎著

人民日报出版社

图书在版编目（CIP）数据

我用86封信把孩子送进北大 / 马国立著. —— 北京：
人民日报出版社, 2020.4
ISBN 978-7-5115-6375-0

Ⅰ.①我… Ⅱ.①马… Ⅲ.①高中生—家庭教育②高
考—经验 Ⅳ.①G78②G632.474

中国版本图书馆CIP数据核字（2020）第059066号

书　　　名：**我用86封信把孩子送进北大**
作　　　者：马国立

出 版 人：刘华新
责任编辑：袁兆英
封面设计：邢海燕

出版发行：人民日报出版社
社　　　址：北京金台西路2号
邮政编码：100733
发行热线：（010）65369527　65369846　65369509　65369510
邮购热线：（010）65369530　65363527
编辑热线：（010）65363105
网　　　址：www.peopledailypress.com
经　　　销：新华书店
印　　　刷：河北盛世彩捷印刷有限公司

开　　　本：710mm×1000mm　1/16
字　　　数：254千字
印　　　张：16.5
印　　　次：2020年4月第1版　2020年4月第1次印刷

书　　　号：ISBN 978-7-5115-6375-0
定　　　价：48.00元

序 一

父爱助梦北大

2019 年 6 月 24 日，山东省 2019 年高考成绩公布。下午 3 点 56 分，马啸天的父亲给我发来信息，孩子总分 681 分！那一刻仿佛时间定格，我瞬间热泪盈眶。681分，加上之前的自主招生的 10 分加分，马啸天可以去北大了！

短暂的兴奋过后，我平复心绪，静神凝思。马啸天高中三年所经历的点点滴滴，如电影画面般在脑海中一一闪现，成为我记忆中难以忘怀的风景。

全国有逾千万考生，马啸天能从中脱颖而出、圆梦北大，这无疑证明了他是一名优秀的学生。在他成功的背后，还有一位为他成长不断助力的好父亲。

初入高中的马啸天，身体瘦小、性格腼腆，虽聪明伶俐，但也贪玩好动，自信亦自负。正因如此，他的学习成绩一直起伏不定。他曾说过："还有我两个小时做不完的数学题吗？"这样的豪言，对此，我印象深刻。

高中三年间，他对数学始终保持极度的热忱和执着，特别是在进入高三后，面对因参加竞赛而落下大量学习内容的不利情况，他表现出了前所未有的冲劲，最终让他能够在临近高考时，拥有一份难得的坦然和从容。

马啸天这三年来的成长，和他父亲的用心是分不开的。他父亲是一名律师，个子不高，戴一副眼镜，眼睛炯炯有神，长得有点像老舍。父亲因为经常出差，孩子在学校住宿，两周才放一次假，因此两人见面的机会很少。在这种情况下，一般家长对孩子的教育和关注度会大打折扣，他父亲却能独辟蹊径，把浓浓的父爱化作一封封饱含深情的信，这些信仿佛是一根亲情之绳，把校园内外父子两人的心连在一起。三年间，八十六封家信汇聚成一条爱与智慧的教育长河。

这些信中，有对人生的探问——人应该拥有怎样的人生？

这些信中，有对价值观的思考——价值观之"四度"，从高度、宽度、深度、温度四个方面对孩子的整体素养进行教育，对孩子素质的全面提升有着非凡的意义。

这些信中，有对孩子的激励和启发——男人的血性，激励孩子不断地"坚持自我，完善自我，超越自我"。

这些信中，有对学习之道的透彻分析——学习三层面，对"学习方法、认知思维、时间管理"三个不同层面进行深入透彻的分析，给孩子的学习起到了积极的引导作用。

这些信中，有对家长陪伴的内涵诠释——理解"爱的真谛"，如何给予孩子真正的爱。

......

八十六封信，句句用心，字字珠玑。

6月8日下午5点，高考结束，近两千名家长涌进校园。正当暑热难耐之时，我看到了马律师。他满头大汗，穿着背心穿梭于人群中，让我有点想笑。书信之雅和背心之"俗"，两者看上去是那么不搭，却又如此和谐，低调与朴素的外表、绚烂且丰盈的内心，让我对他的敬意又增添了些许。

我们常说，父母是孩子的第一任老师，马律师在我心中，他不仅做到了，还上升到了优秀的高度。他将自己走过的路、读过的书化成了人生智慧，激励孩子不断前行。

酷爱国学的马律师此番出书，是将自己和儿子三年来的成长历程，奉献给更多望子成龙的家长，用自己的行动，为推动家庭教育事业贡献一份力量。

"桐花万里丹山路，雏凤清于老凤声"，在我写这篇序时，马啸天已经开始了他在北大的学习生活。我为他有这样一位好父亲而感到高兴，也为我遇到这样一位好家长而感到庆幸。

在此，祝愿马啸天同学前程似锦。

德州一中新校区 2016 级 9 班班主任　李洪海

于 2019 级新生军训期间

2019 年 8 月 29 日

序 二

2019 年的高考，随着北大录取通知书的送达，我知道，意味着孩子人生的一个重要阶段结束了。但，这三年来的经历，却一直萦绕在心头。内心深处点点滴滴的感触，都包含在这三年中写给儿子的八十六封信中，这些信，也可以看作孩子高中三年学习历程的一个缩影。我自己也很惊诧，不知不觉中，竟然写了这么多，很多朋友希望我能对这三年的经历进行一个总结和回顾。于是，我便将这些小小心得重新梳理了一下，有了拙作。

三年的历程让我深切地感知，在当下，一个高考学子的背后承载了太多东西，有家庭的期盼，有学校的厚望，有社会的关注……

"你应当把对孩子的教育作为你一生最重要的事业"，我相信很多家长都听说过这句话。而且，现在大家也都在强调原生家庭对孩子成长的重要性，良好的学习习惯和生活习惯往往都是在原生家庭中培养起来的。我想，在当下，"一切为了孩子，为了孩子的一切"的思想，应该被赋予新的内涵。这里的"一切"，不应仅仅指物质方面的供给，更多的应该集中在理念和精神层面的给予。

在孩子的整个培养过程中，应该把孩子自身素质的培养作为最重要的一环。因此，这些信件中体现出更多的是对孩子自身成长的关注，强调了学习方法的掌握、知识体系的建立、状态和心态的调整、健全人格的培养，等等。

这些信件是依照时间顺序自然而成的，多数信件的内容是孩子在学习和成长过程中出现问题的解决方案。

这部拙作如能为高中学子及其家庭提供点滴帮助，则备感欣慰。

马国立

2019 年 8 月 1 日

目录 CONTENTS

关于高中的学习

儿子：

见字如面。

这是你读高中后爸爸给你写的第一封信。你已经长大了，有了自主思考的能力，我想，这种交流方式可能会更容易被你接受吧。

你的第一次考试成绩公布了，爸爸虽然不太满意，但仍对你充满了信心。因为爸爸通过分析发现，你这次的数学成绩和第一名相差 34 分，而数学本就是你的强项，假如这门课的成绩和第一名不相上下的话，进入全班前三是没有问题的。所以不难看出，你还是具备一定实力的。

你上高中有两个多月的时间了，我和你妈妈刚开始不同意你去德州上学，主要是考虑你没有住过校，怕你不适应。现在看来，我们的担心是多余的。

对于高中的学习，我想和你说几句。

一、考试的目的是什么

1. 提高人的心理素质。平时自己练习得再好，不上战场那也白搭。

2. 检验自己前段时间所学知识的短板在哪里。找到短板，查缺补漏，这样才能使自己的知识更完善。

3. 不断地完善自我。考试测验的不仅仅是你的知识量，还有你的思维、情绪和应变能力等。比如说，我今天心情不好，明天有一场考试，那我能否迅速调整状态、正常发挥呢？

成绩有所起伏是正常的，一次考试成绩的好坏并不重要，关键要看你能不能利用考试来发现自己的问题和缺点，并在最短的时间内将其改正，以后不再犯类似的错误。

在一个地方跌倒两次的人是愚蠢的。

那么，我给你的建议是：针对此次考试，进行细致的总结，特别是成绩不理想的科目，一定要找出原因，并坚决改正。

二、高中时期的学习和初中是完全不同的

初中可以说仅仅是入门，各科的知识点比较少，相对来讲是很简单的，取得好成绩并非难事。但是，高中的学科设计是面向人生的，是需要你进行全面拓展的，既讲究广度也讲究深度。如果不勤奋，仅仅凭借天资聪慧是绝对不行的。

大家都知道读高中辛苦。但是，一个人如果想取得好成绩，哪有不累的道理？假如你甘于做一个平庸的人，那就另当别论了。儿子，你看爸爸累不？周末没有休息过，平时还在各地奔波，但是我累并快乐着。因为这是我喜欢做的事情，吃再多的苦我都没有怨言。因此，想活出自己的人生，吃苦是必须的。

三、关于文科和理科的问题，我想说两句

我们考虑的是，如何利用自主招生来帮助自己考上一个理想的大学，这就要求我们不能偏科。最近这两次考试，我感觉你的小科在下滑，特别是政治和历史。即使你想学理科，对文科也不能放松，因为大学需要的是全面的人才。自主招生需要的是全 A，爸爸相信你有这个实力做到，重要的是态度和方法。

关于文科和理科的学习方法，说点我的理解。文科是一个面，理科是一条线；文科是一棵树，理科是一眼井；文科涉及面，理科讲究精确和逻辑；因此，针对它们的特点，要有不同的学习方法。

文科需要用图表来完成，就像一棵大树，先把树的主干立起来，然后再加入枝叶，树干是解题的思路，是考试中的知识点，老师在出题时肯定是从大的方向来考查学生的，如果你的知识体系建立不起来，那方向就错了，题也不会做对的。树干有了，再添加知识点，这样一棵大树就丰满了。为什么政治、历史的得分比较低呢？主要是因为没有找准点，没有想清楚考查的点在哪里。

理科强调的是知识的逻辑性，以及对公式的运用能力。就像挖井，一定要深挖。因此，应该深刻理解公式的本质，以及课本上的例题对于公式的解读。其实，复杂的题目就是几个简单公式的综合运用。"万变不离其宗"，说的就是这个道理。只有切实理解各个公式的基本内涵，再将不同的公式进行综合、串联，这样才能不被题海所累。

四、关于做题方法

我的观点是：自己会做的题坚决不能出错，不会的可以先放放。试想，前面简单题的正确率不高，后面的难题做得再好有什么用呢？要在简单题完全做对的前提下，再去攻克难题，如果不能保证这一点，难题宁可不做。

总体来讲，爸爸感觉你的适应能力还是不错的，一定要坚信自己能行，并且不断地总结、完善自己，只要态度上保持重视，方法上继续改进，我相信你能做得更好。

由于时间关系，今天先说到这里吧。

2016 年 11 月 11 日夜 11 点

如何拥有理想的人生

儿子：

见字如面。

时间过得真快。转瞬间，你高中的第一个学期马上就要结束了。爸爸看到了你的成长，感觉很是欣慰。现在爸爸想和你交流的是：你的人生理想是什么？也就是说，你将来到底想做什么？

爸爸知道，你有自己的想法和打算。但仅仅想还不行，现在到了为实现它而去努力的时候了。

爸爸想给你谈一下我们家族前辈们的奋斗历程，也许它能够给你一些启发和奋斗的动力。

先从你的曾祖父说起吧。他是一个木匠，远近闻名，方圆百里没有不知道马洪恩（你曾祖父的名字）的。他主要是做那种马拉大车，一辆大车能够卖到100银圆，这个价钱在当时是非常了得的。

就是凭着这个手艺，你曾祖父和曾祖母省吃俭用，买下了整个南刘村子一半的土地。小时候在村子里面走，你曾祖母经常说："这棵树是咱家的，那块地也是咱家的。"

我记忆最深刻的是，老家院子里经常并排放着三四个大架子，两个人在拉大锯，破开一根整个的圆木，做车的大梁用。当时，咱家有十几个徒弟，那时的学徒没有工资，只管吃管穿，因此，你曾祖母贴玉米面饼子，一弄就是一大筐，做衣服一做就是一摞。

我现在想，你老爷爷当时的目的是什么呢？其实就是一家人不再挨饿，并且把木匠的本分做到最好，然后去买地。他经过自己的努力，实现了理想，并且成了最好的木匠。

再说说你爷爷。你爷爷这辈子最大的心愿就是让我们兄弟三人走出农村，在当时，能实现这个理想的唯一路径就是考学。你大爷上的是中专，当时一个乡镇也就能考上三四个人。因此他还是很厉害的。你二大爷没有考上，你爷爷就花钱让他上了个医专，后来他自己又考取了医师资格。你爷爷用他毕生的精力去实现自己的理想，最终，他完成了。

再说一下爸爸，我上师专时，每月的生活费控制在100元，这100元包括所有的费用（吃饭，买衣服和买学习用品），在当时是十分节俭的。我从小就喜欢读书，在看了一些关于律师的电视剧后，就梦想着长大后能成为一名律师。我从初中就喜欢写作，上了高中自然选择了文科，因为读书多，语文的阅读理解一般都没大问题。即使是英语的阅读理解没读懂，也知道讲的是什么，甚至知道这篇文章出自哪里。因此，我做英语的阅读理解基本上是不看原文，直接就去做后面的题了。掌握了出题规律，做题就简单了。因为喜欢语文，喜欢阅读，从小便树立了理想：

成为律师和作家。如今律师的愿望已经实现，爸爸下一步便准备去实现自己人生的第二个理想——写书，这样爸爸的作家梦也就实现了。

儿子，你看，人只要确定了目标，并且为了这个目标不断地去坚持，去努力，便能拥有自己想要的人生。当然，在实现理想的过程中还会碰到很多困难和挫折，这需要我们一个一个地去克服。

儿子，每一个时代都有着自己独特的烙印，你曾祖父在那个年代的梦想是吃饱饭；你爷爷的目标是不让他的孩子再受苦；我们这一代大多数人的想法是有一个稳定的工作。而你们这一代人需要解决的问题是，如何在变化如此之快的社会中脱颖而出，并且用一生的努力不断地修炼并保持这种能力，从而更好地为社会做贡献。

"自己选择的路，跪着也要把它走完"，这句话可以诠释我们家三代人理想的真谛。你曾祖父吃的苦受的磨难是常人无法想象的，独自拉着车去河北，只为卖个好价钱。你爷爷当时为了让我们上学更是省吃俭用，吃尽了人间苦，但还是咬着牙挺了过来。

而我离家来济南时，身上只带了 200 元钱。交完房租，买完生活必需品，仅剩下 63 元钱。也就是说，第一个月必须得接一个案件，才能生存下去。努力地去做之后，第一个月如愿接下了一个案件，挣了 375 元，而当时离开学校时的工资是 380 元，这使我对"心想事成"这个成语的理解尤为深刻，从此也养成了一个习惯，便是如果想做什么事，就把目标想得远大一点，做着做着不就实现了吗？你如果连想都不敢，还谈什么做呢？因此，一切皆有可能，就看你敢不敢去想。只是想还不行，还必须沿着自己的理想去做，爸爸以后有机会还会再给你谈谈如何设立目标，如何一步步地去实现它。爸爸在济南的打拼过程以前从来没有给你讲过，一路走来，辛酸自知。我的想法很简单，为了自己的梦想，为了自己喜欢的事，苦并快乐着，把所有的困苦都看作梦想皇冠上的点缀。

去德州上学是你的选择，我和你妈妈尊重你的选择。既然你自己做出了选择，就必须义无反顾地走下去，就像前面说的"自己选择的路，跪着也要把它走完"。

儿子，在你以后的生活、工作中，要不断面对各种各样的艰难挑战，而高中将是你人生中遇到的第一个艰难时期，可以说是人生的第一次真正意义上的挑战。有句话说，"一个人，如果不逼自己一把，你根本不知道自己有多优秀；一个人要想优秀，必须接受挑战"。爸爸相信你，你是优秀的，你也更要相信你自己，记住，有理想的人生才是真正的人生。

2016 年 12 月 7 日

没考好的原因

儿子：

见字如面。

你这次的考试成绩比较差，爸爸夜不能寐，又起来帮你梳理问题之所在。

是还没有适应住校生活，还是教学方法不适应，抑或是思想方面出现了问题？总之，各科必须总结问题所在，不能仅仅是想，还要落实到书面上，并制定出改正办法。

首先，粗心的毛病坚决克服。

只要每科提高四分，你就能进入前几名。而你这次各科分数都太低，怎么和别人比？以你目前的成绩，无论选择文科还是理科，都没有优势。特别是理科，我算了一下，理科前三名的成绩基本差不多，相互间只差一分，而你和他们相差 40 多分，和文科前三名比也差了 20 多分呢！你升学时是年级前十名，现在退到了 50 名。

其次，你是否已经努力？你的各科成绩都在下滑，这肯定是出现了比较严重的问题。

不要说你在初中的基础不扎实。初中的知识比较少，还可以依靠所谓的"聪明"来维持一下成绩，但仅仅凭借聪明是不行的。高中知识量爆炸性增加，牛人更多了，教师的教学方法也有所不同，所以你应该拼尽全力去做，不能像初中那样懈怠。多向班里的牛人们学习，学习他们的方法，更要学习他们的拼搏精神。

来德州是你的选择，既然选择了就必须面对这一切。你要明白，来这里并不是来享受的。这是人生的第一站，如果这一站挺不过去，今后踏入社会会非常艰难。到了该拼一把的时候了，自己紧张起来，大量地阅读、记忆、做题。尤其是语文，需要大量阅读，特别是古汉语。历史你为什么看不懂？就是读得少。英语为什么不会做？就是单词记得少、记得不牢。而数学不仅要会做，还需要提高做题的速度。有了速度，才能有时间去解决最后的大题，当然不光要有速度，还需要有准确率。

平时做题就要培养好的习惯，如果平时不管它，到了考试的时候，这些问题就会全暴露出来。无论在生活上还是在学习上，爸妈都会给你提供所有的支持和帮助。但，这只是外在条件，内在的问题还需要你自己去解决。

最后，最重要的是相信自己，相信自己的能力。你在初中时没有太过拼搏，也能考得不错，这说明你还是有一定实力的。现在你的主要任务是如何做好初中和高中的衔接工作并尽快适应，找出问题，拼尽全力把它解决掉。

我们期盼你能努力再努力，在期末考试中考出好成绩。

2016 年 11 月 20 日深夜

第
4
封
信

关于规划和选择

儿子：

见字如面。

爸爸给你写这封信时正在费县，虽然你这周就回来了，可爸爸总想再和你多说两句。最近一直出差，白天又忙于工作，也只有此时才能静下心来和你说说话。

天气陡然变冷，我们让老师叮嘱你们衣服穿厚点。外面大雪纷飞，大地苍茫一片，爸爸的心也随着这飞舞的雪花飘到了德州，担心着你的近况。不知你那里是否也冷，不知你把自己照顾得怎么样。此时此刻，爸爸很想和你谈一谈人生的规划和选择问题。

人生道路的选择是很重要的，人们常说，"选择不对，努力白费""选择比努力更重要""如果不努力，你将失去选择的权利"。关于人生的选择，只要是正确的，便一定是无悔的。如果人生不能早一些确定自己的目标和方向，早做准备和选择，那将直接影响到你以后的生活和发展。

当下你面对的最重要的选择是什么呢？当然就是文理科的选择。我想，通过一段时间的学习和适应，你也应该有了自己的选择倾向了，在此爸爸说一下自己的想法，仅供参考。

爸爸认为主要应该考虑以下两个方面的因素：

第一个是你今后的发展方向。

第二个是你自身学科成绩的客观情况，以及你所选择的不同学科在你们学校的排名情况（也就是你的竞争力）。

首先是你个人的发展方向。假如你想当一名物理学家、化学家或医生，那肯定要选择理科；你如果想成为一名作家、新闻工作者，或者像爸爸一样，当一名律师，那就要选择文科。当然，还有一些文理皆可的行业，比如，教育、管理、金融，等等。你的个人人生方向是主导因素，如果你选择的是自己不喜欢的行业，那便是最痛苦的事情。你要记住：人不能仅仅为了活着，更要活得有意义。

其次通过你自己的学科成绩进行客观分析。

如果你选择理科，你的成绩优势就不算大，竞争压力会比较大，需要你付出更加艰辛的努力，因为只有保持住全校前20名的成绩，才有机会考入心仪的大学。数理化这三门课程，学得好的人真的很多，如果想要实现目标，就必须在语文和英语上实现突破。

而如果选择文科，那你的数学和外语应该属于优秀的，你的地理也没有问题，那剩下的就是历史和政治了。历史以你的根基来看，也不会太差，只有政治稍显薄弱。如此分析，发现选择文科于你而言优势更明显一些。

当然，国内的名校录取文科生的人数相对于理科生来说少很多，所以考入名校的概率也降低了，这就要求你要一直保持全校前 5 名的名次，才会有所保障。

当然，无论选择哪一科，想取得好成绩，都需要付出艰辛的努力。

儿子，最后的选择权还是在于你自己，无论你的选择是什么，父母都会尊重你的意愿，并坚定地支持你。

"凡事预则立，不预则废。言前定则不跲，事前定则不困，行前定则不疚，道前定则不穷。"做任何事情都要有计划、有预判，对事情的前因后果都要做出正确的分析和理智的判断，这样才会胸有成竹，不至于出现被动的局面，也不会发生让自己后悔的事。

爸爸在这里衷心希望你能够遵从内心，做到人生无悔。

2017 年 2 月 21 日夜

第
5
封
信

成功之路

儿子：

　　昨晚出差回来，想起你本周就应该回来了，即便学业再紧张，五一期间一两天的假期应该还是有的。临近高一结束，面临选择的时刻渐近，还想就这个话题和你聊两句，毕竟这关乎你的人生。

　　先从天赋聊起吧。人如果想取得些许成就，不仅需要努力、勤奋、坚持，还有天赋也是一个重要因素。天赋往往和兴趣、喜好等联系在一起，如果一个人喜欢做一件事，就会对这件事产生兴趣，就不会感觉累。那么他在做这件事时，就不能用勤奋、坚持等词语来描述他的心情了，对他来讲，做这件事情的本身即是一种享受。

试想，在享受中工作的状态——心情愉悦，畅快淋漓，心无旁骛，这是何等幸福的一件事情啊！并且，在心情轻松愉快的状态下，更容易做出成绩，也更容易获得健康。这里说的健康包含两个方面：身体和心灵，二者相辅相成，缺一不可。

世界上成功的个体，都是将自己的优势发挥到极致，而非靠弥补弱点。把更多的精力投入自己的长板上或者自己擅长的事情上，而不是投入短板上。像比尔·盖茨、乔布斯、马云、马化腾等，他们正是选择了自己喜欢的并且能够充分发挥其天赋的工作，才创造出了伟大的事业，成就了不凡的人生。

现在的大学学习和以往也有所不同，大学将带给你的人文气质以及对你个人素养的培养远远超过专业课本身，这也是我们在选择大学时，首选好大学而非好专业的原因。随着当今社会的高速发展，进入大学时的社会热门专业在四年后或将成为冷门。因此，在大学的学习过程中，学习方法及个人能力的培养远胜于专业课本身知识的学习；学习能力和个人素养的塑造也将远胜于对热点专业的追捧。

再聊一下"独特"在你人生道路中的重要性。先给你讲一个故事。有一名自我感觉良好的大学毕业生，准备了厚厚的简历分别向不同的公司投递，最终失败而归，于是问他的老师："我感觉自己很优秀啊！为什么屡屡碰壁呢？"老师没有回答，而是告诉他："我们在一个鸡群里所看到的鸡都是一样的，但是，对于那些鸡而言，它在看自己的同类时，会认为自己和其他鸡都是不同的。但假如你是一只天鹅，相信很容易就会被看见。同理，你若想在鸡群中与众不同，脱颖而出，就要把自己变成天鹅，方能成功。"

沉舟侧畔千帆过，病树前头万木春。当下的世界是一个思维活跃的社会，可谓百花盛开、百家争鸣，竞争之激烈也是前所未有的。有时候选择非常之道，便可以创造非凡人生。这就是独特的价值所在。

最后说一下"喜欢"。人奋斗的终极目标是获得幸福，而对于幸福的说法，简单来讲无非是两件事情：一是事业有成；二是家庭幸福。做自己喜欢的事情，在享受中获得成功的愉悦则是最高境界。而在喜欢的选择上则应该遵循如下原则：知道自己喜欢什么是幸福的上限，知道自己不喜欢什么是幸福的下限。只有知道了自己人生的上下两端，才不至于跑偏，由此看来，喜欢在人生的道路上是何等重要啊！

最后我们总结一下，在做出一项重大抉择时应该遵循的原则：

1. 选择自己有天赋的事情去做；

2. 知道自己喜欢什么和不喜欢什么；

3. 想办法成为鸡群中的天鹅；

4. 换个角度思考，一切会大有不同；

5. 坚持做自己，不要盲目随从他人。

最后，爸爸给你分享一首诗，这也是爸爸最推崇、最喜爱的一首诗。

黄色的树林里分出两条路

[美]弗罗斯特

黄色的树林里分出两条路，

可惜我不能同时去涉足，

我在那路口久久伫立，

我向着一条路极目望去，

直到它消失在丛林深处。

但我却选了另外一条路，

它荒草萋萋，十分幽寂，

显得更诱人，更美丽；

虽然在这两条小路上，

却很少留下旅人的足迹。

虽然那天清晨落叶满地，

两条路都未经脚印污染。

啊，留下一条路等改日再见！

但我知道路径延绵无尽头，

恐怕我难以再回返。

也许多少年后在某个地方，

我将轻声叹息将往事回顾：

一片树林里分出两条路——

而我选择了人迹更少的一条，

从此决定了我一生的道路。

如诗中所言，选择了人迹更少的一条，你可能更有机会走出属于自己的独特的人生之旅。

2017 年 4 月 27 日凌晨

第
6
封
信

关于深度思考

儿子：

见字如面。

时光如梭，转眼你的高一生活就要结束了，好在我们还有时间，高考也仿佛还是很遥远的事情，我们暂且不去管它。

今天是 2017 年 6 月 4 日，爸爸正在出差，虽然知道你即将放假，但因工作的缘故不能与你见面，只能通过文字隔空与你做简短的交流。

今天我们聊一聊关于"思考"的话题。

爸爸知道你们现在学习紧张，上次给你带的水果都烂掉了，你说是因为没有时间吃。高中生活紧张是必然的，但我认为：比每天匆忙学习更重要的是要具备深度思考的能力。

人的大脑就像一个图书馆，你所学的知识就如藏书，如果它藏书丰富却杂乱无章，那么其实际用处反不如那些规模虽小却井然有序的图书馆。这也是为什么有很多同学看起来学习很刻苦、勤奋，并且感觉懂的很多，但考试时成绩仍然不太好的原因。

一个人学过的知识，只有经过自己头脑独立认真思考并加以吸收，再融入自己的知识体系，将其合并成为你整个思维体系的一部分，同时能与整体保持一种完整、紧凑的联系，才会真正实现它本身的价值。

举个例子来说，一棵大树只有先有了主干，然后才可能有侧枝和绿叶。人的知识体系也是这样，无论哪一个科目，都是以目录、大纲为主干，然后再不断地添加新的知识（正如树的侧枝）。但是，哪些侧枝和绿叶需要添加到主干上，是需要你认真思考的问题。如果你没有进行区分，把多余的侧枝和叶子都添加上去了，不但增加了主干的负重，而且容易让大树走形。

对于大脑也一样，如果把很多无用的知识都不假思索地吸收进大脑，不仅增加了它的负担，而且扰乱了你的思绪，使你的知识体系无法顺展成形。因此，我得出了这样的结论：深度思考有时比勤奋更重要。

知识管理的本质就是收集和整理知识，有效率地产出结果，然后再去解决问题。而深度思考的目的无非就是帮你剔除无用的东西，让你的大脑更加轻松，让你的思路更加清晰和敏捷。你们的学习用当下流行语来讲就是：你们要拥有知识管理能力。

数理化的学习就是把简单的公式深刻理解并熟练运用，然后培养解决问题的能力；写作之难，在于把网状思考，用树状结构体现在线性展开的语句里；文综的难点是不知如何用一些基本的观点去对历史、现实的事物做一个深刻的解读。而上述问题的解决方法就是，对所学知识进行深度思考后建立起你的知识大树，这棵树要外形美观、枝叶茂密、枝干错落有致。

　　祝儿子度过愉快的三天！

2017 年 6 月 4 日晚

第
7
封
信

感恩苦难

儿子：

见字如面。

首先，老爸向你表示祝贺，祝贺你进入了《语文报杯》全国作文大赛的决赛。希望你再接再厉，争取获得更好的成绩。

昨晚，我看了一期撒贝宁主持的《开讲啦》，这也是你喜欢看的节目。本期的主讲嘉宾是刘强东，演讲主题是《乡愁》。刘强东在节目中讲到了自己的童年、初中、高中及大学所经历的苦难。在他讲述的过程中，爸爸仿佛也回到了自己的儿时。

当他讲到"大米饭拌猪油，猪油吊在房梁上"时，我就想到了玉米饼子加芝麻盐；当他讲到"门前下水"时，我便想到了小时候偷偷去马颊河游泳；当他讲到"用开水烫留有猪油的碗喝水"时，我就想到了初中用馒头蘸盐水。那是我和他相似的经历，也是那个时代的烙印。

他还讲到了那时的升学怪状——人们都愿意去考中专而非高中。我清楚地记得，1988年你大爷考上中专这件事在村里引起了巨大轰动。他是咱们村第一个考出去的人。用当时的话讲就是：有了铁饭碗，吃上皇粮了。那在当时是多么荣耀的事情啊！

而爸爸考上高中后，前景却不被人看好。爸爸清楚地记得，初中毕业后，我去班主任家，两个考上师范的同学高兴不已，而我们两个考上高中的学生却有些垂头丧气。后来，上师范的同学都留在了老家县城工作，我来到了济南，而另外一个高中生则去了上海。

每一个时代都会存在特定的思维模式，而这种思维模式都会被打上时代的烙印。我们无法改变这种状况，唯一能够改变的只有自己。

儿时的苦难经历现在想起仍让我感到心酸不已。我清楚地记得上高中时的一天，那天正好我放假回家（当时是一个月回家一次，一次带够一个月的费用），而你爷爷奶奶有事不在家，便叫我自己从抽屉里拿够生活费回校。我打开抽屉，看到里面只有25元钱（我每月的生活费是20元）。当时，我的心情真是五味杂陈——这是全家所有的生活费啊。那次，我只拿走了15元——你的爷爷奶奶就是在这样的境况下供我上学的。

现在想来，正是因为经历过这样的苦日子，才能够让我从容地面对苦难。苦难让你变得坚强，让你懂得居安思危，懂得唯有努力奋斗和每日精进才会心安坦然。

有些学生的学习成绩在幼儿园时期就已经拉开差距了，再加上当前高考的多样性（不仅仅是统考，还有自主招生和综合评价），这些都有可能导致更大的差距。爸爸今天所能做的只是为你搭建一个平台，一个让你无后顾之忧地与他人竞争的平台。台子搭建好了，但戏如何唱，就得看你自己了。

你们现在虽然很苦，可是至少还有足够的营养来保证身体健康，在学习工具上也能满足你们的需求。你们现在所受的苦不再是物质层面上的，而是精神层面上的，也就是如何使自己静心、排除外界的干扰，做到一心只读圣贤书。"静而后能安，安而后能虑，虑而后能得"，爸爸认为这三句话的意思其实就是：心静、心安、心虑，而后才能有心得。

学习很苦，希望你能够正确地面对这份苦，对其保持感恩之心，以求三年之后有所得，让三年的高中生活成为你漫漫人生路的积淀。

2017 年 6 月 9 日凌晨

第
8
封
信

关于写作

儿子：

见字如面。

儿子，你下周就要去泰安参加作文大赛了，爸爸在这个周末写这封信和你交流，希望能够对你的写作有所帮助。

爸爸很喜爱文学，但因工作关系，没有机会系统地学习写作。爸爸分享的只是自己日常的点滴感悟，如能对你有一点帮助，心甚慰之！

如何才能写好一篇文章呢？我认为，写文章就好比建房子。

你看，建房子需要砖瓦、钢筋、木料等一些基础材料，而这些就好比写文章的素材。如果你想建造一座好房子、大房子，基础材料是不能少的，而材料的准备只是第一步。

第二步则是需要把这些凌乱的材料进行整理、归类，以便建设时能够信手拈来。对于写作而言，你需要把各类素材积累起来，梳理清晰，以备不时之需。

第三步就是规划。你想建设一幢怎样的房子呢？这就得看你的构思和规划了。你的构思和规划直接决定了你所建房屋需要使用的材料以及材料的排列方式，也直接决定了建筑的结构。写作也是一样的道理，即使在材料相同的情况下，如果构思不同，文章的精美度也会存在很大差异。

建一栋独特的建筑，不但需要独特的思想，还需要大胆的创意。比如悉尼歌剧院、东方明珠塔，这些都是独特的建筑。你再看看那些高考满分作文，从题材的选择到文章的架构，再到观点的表达方式，都是与众不同的。

但有一点需要注意，你的创新和奇特必须符合实际。如果你建设的房子仅仅是为了追求新奇，却无法实现居住的基本功能，那就舍本逐末了。

第四步是修饰和升华。房子的质量再好，如果只是毛坯构造，也是很难看的。需要你对房屋进行装饰。人们常常说：好的装修带来的价值，可能比房子本身的价值还要高。而文章的装饰就是一种升华，画龙点睛就是这个意思。不点睛时是卧龙，一旦有了眼睛，卧龙便一飞冲天了。

如想写出声情并茂、令人赞叹的美文，还需要做进一步的功课。

首先，你应该写自己体验并思考过的东西。

生活中的点点滴滴都是创作的源泉。为什么作家经常去一些偏远幽静的地方去体验生活？我认为，他们这样做无非是想解决两个问题：

一是让心静下来，远离喧嚣。只有这样，才能专心梳理自己的思绪。

二是体验。都说艺术源于生活，所以好的作品需要你把自己的经历、体验和思考后所得到的感悟结合并提炼出来，这样你才可能写出好的作品，这也是爸爸为什么每年暑假都带你出去旅游的原因。只有亲身经历过的事物，你对它的印象才会深刻，你才会有所体会。

　　像你这次初赛获奖的作文《绵绵两岸情，坦坦回乡路》，不就是我们去年夏天从台湾归来后的感受吗？虽然你还小，但是从你记事以来的种种经历已经够用，因此，你应该把你的经历进行梳理、储备，随时为己所用。

　　其次，好的文学作品的灵感源于心灵的触动。

　　自古文学大家的文章，往往是有感而发，以景抒怀的。以《岳阳楼记》为例："衔远山，吞长江，浩浩汤汤，横无际涯；朝晖夕阴，气象万千"是写景的；"先天下之忧而忧，后天下之乐而乐""不以物喜，不以己悲"是写意的。而此景此意和范仲淹的好友滕子京当时被诬陷为擅自动用官钱而遭贬的经历是分不开的。由此可以看出好文章的架构：景为衬，意为思，经为基。好的文章莫不如是。

　　但是，毕竟你的经历还不够多，也不够深，需要你以更多的知识去积累素材作为经历补充，记得有位作家说过，"创作的灵感往往来自知识积累之后的突然爆发"。

　　最后，需要强调的是，好文章让人感觉有价值、有收获、有感悟，让人突然眼前一亮、心底一颤，能够给人带来深刻的思考，与之产生共鸣。

　　如想达到以上要求，你写的文章就不能是一杯白开水，它的立意要有高度，寓意要有深度。这就是你文章的"眼睛"，俗称"文眼"。

　　因此，爸爸给你的建议是，写作时不妨试着逆向进行，先定"文眼"，再定规划，最后确定使用哪些素材去完成。

　　希望对你有益。

2017 年 6 月 11 日

再说文理科

儿子：

见字如面。

再有一个月，你的高一生活便结束了。上次见你，问了一句"是不是该选择文理科了"，你只是"嗯"了一下，之后也再未提起。我想你应该已经做出了自己的选择。

爸爸是文科生，因此，从感情上来讲还是希望你选择文科。但是，既然你做出了自己的选择，爸爸不但完全尊重你，并且会坚定不移地支持你，你只要遵从自己的内心。爸爸对你的理解是基于我对你各科成绩的分析。语数外就不说了。拿理科来讲，你的物理不错，化学是弱科，虽然生物成绩不错，但你说过，生物学得比较辛苦。在文科方面，你的历史、地理不错，特别是地理，你说过，地理学起来特别轻松，对它还有种特殊的感知，成绩基本都是第一。

从某些方面来讲，现在的文理科选择模式束缚了你们。从下一届开始，高校将打破这种固有的文理科搭配模式，而让学生拥有更多可选择的组合，这样学生们就能够选择更适合自己的科目。可惜，这和你无关了。

另外，你也对文理科表明了自己的理解——文科的不确定性和理科的确定性。是啊，文学讲的是精神，讲的是人的感知、是创造、是表达、是主观的东西。对于同一件事情，人的经历和思维不同，得出的结论也是不同的，因此，它是不确定的。而科学讲的是物质、是发现、是确定的东西。无论你是否感知到它发现它，它都是切实存在的。

以上的分析算是老爸对你选择的理解吧。

爸爸还想表达的一个观点就是：你即使不学文科，也不要将它拒于千里之外。曾有人说过：最有价值的学科是生物、哲学、历史，因为生物、哲学、历史决定着你的人生观、价值观以及你的人生方向。

我认为这种说法很有道理，人只有知道自己的本性、特长，自己拥有什么，才会更加容易确定自己应该去做什么。这还不够，你还需要想明白自己为什么去做这件事情？只有这样，你才不会迷失，你的人生才会更有意义。

另外，语文的阅读和写作，与国家大事也是分不开的。我看了2016年的高考语文试题，阅读理解中的文言部分其实都是摘自历史著述，比如《史记》《资治通鉴》。再看今年的全国作文，以"一带一路""长城"等元素的混搭为作文题，这些也要求学生对国家大事有一个初步的了解。记得你刚上高中时我就说过，读高一时不要抛弃任何一科，它们对你都是有益的。

再者，你还要重视艺术和体育这两项。因为艺术是对心灵的教育，体育不仅是锻炼身体，也是对精神的培养。学累了，就听一段轻音乐，或者跑出去大吼几嗓子，这样可以舒缓自己的紧张情绪；体育实际上讲的是一种精神，一种积极向上、奋勇拼搏的精神，你看着奥运会上选手的表现，也是你们在学习的过程中应该具有的精神。

最后，爸爸想说的是，人生每时每刻都要面临选择，而选择的结果无非就是坚持与放下。坚持你内心想要的，放下你暂时不需要的。坚定信念，确定你的人生方向，只要有了方向，所有的困难都不是困难。

2017 年 6 月 12 日夜

第
10
封
信

关于人生

儿子：

见字如面。

爸爸又出差了。我想，"出差"这个词在你的眼里已经习以为常了，因为爸爸的出差已经成为常态。因你现在已经住校，对于爸爸妈妈来讲，你也像是在进行一次出差，只不过，你的出差时间是长期固定的而已。

今天，我想和你聊一下关于人生的话题。

你已读过很多名著，肯定也有很多感悟。例如，当你回首往事的时候，会想到人生如水，如万流奔腾，抑或如涓涓细流。其实每个人的人生都是各不相同的，但最终的归宿都应该是心灵深处。此之谓：心之所向，无所畏惧。

心之所向，身之所往，爸爸首先要告诉你的是：做任何事情都要遵从自己的内心，努力去追求你内心最向往的东西。你内心所向往的，一定是你真正渴望的，你必须竭尽全力去争取。只有这样，你才能到达你梦想所指的地方。

因此，你需要静心冥想。我的兴趣是什么，我的渴望在哪里？然后确定它，并使之成为你的人生灯塔，让它指引你一路前行。

另外，你应该做到知己，明白自己已经拥有的，更要清楚自己所不具备的。你一定要知道，在你的一生中，哪些是你需要的，哪些是你不需要的。唯有这样，才能坚定信心，明确方向。

圆满的人生无非就是要做好两件事情：

第一件是用生命去体验自己的经历；

第二件是用内心表达出自己的思想。

"立功、立业、立言"，乃人生的终极追求。立功，是相对于国家而言的；立业，是相对于自身而言的；而立言，则是使自己的思想得以传承。当然，能够做到其中任何一点都非常不易。但对于有意义的人生来讲，你应该选择其一，并把它作为你毕生努力的方向。

你的经历不仅能够丰富你的人生体验，更能让你获得人生乐趣。有价值的人生其实就是你的业绩和思想得到表达和留存（细想一下，众多历史人物莫不如此）。

我特别佩服王石先生，他曾经说过一句话：珠穆朗玛是我体力所到达的地方，哈佛是我精神所到达的地方。

儿子，无论你选择怎样的路，爸爸只想你能够达到人生的极致，做到此生无憾。

2017 年 6 月 15 日夜

第
II
封
信

漫谈人格塑造（一）

儿子：

　　见字如面。

　　本周学校应该放假了。经过一天的奔波，爸爸终于完成了急需处理的工作，现已是深夜，而你现在也应该刚下晚自习。此刻给你写信，就当是另外一种方式的陪伴吧。

　　我今天想和你聊一聊健全人格塑造的问题。人格是一个特别抽象的事物，它所包含的东西很多，爸爸只能在自己的认知范围内给你讲一下，希望对你有益。

　　我们就从三个耳熟能详的典故说起吧，它们分别是：南辕北辙、守株待兔、刻舟求剑。这三个故事所展现的是三个方面的问题——方向、心态和思维。

第一个典故：南辕北辙——关于方向

人们常说：选择大于努力。其实，我们每天都面临着各种选择，小到吃喝拉撒，大到人生方向。对于人生而言，如果你选择的方向错了，即使你再努力，你的目标也只会离你越来越遥远。南辕北辙讲的就是这个道理。

因此，应该树立正确的三观，即价值观、人生观、世界观。关于这个问题，我们已经探讨过了。我相信，你对于"三观"的认知已有自己的判断和理解。

你的人生方向必须以正确的价值观作为罗盘，当你迷失自我或想走得更远的时候，都可以低头去看看它。你要以正确的认知作为人生观的指引，以自己的经历作为世界观的基础。因此，从某种意义上讲，经历和认知是人最珍贵的东西。

当然，爸爸还认为选择和努力同样重要，只不过是先后顺序不同而已。因为"选择大于努力"的后面还有一句话，便是"不努力就不具备选择的能力"。它所阐述的道理和"机会留给一切有准备的人"是一样的。

因此，你千万不要以为只要选择正确了就万事大吉。其实，选择只是前行的开始。

第二个典故：守株待兔——关于心态

人都有惰性，都有侥幸心理。兔子撞树是偶然事件，我们不能因为偶然事件的发生而放弃持续行动。比如：你因为某次考试碰到了刚刚做过的题目而取得了高分，你便心存侥幸，把心思放到猜题上。或者是，你不通过独立思考去获取知识，而是一味地采取被老师喂养的方式获取知识，这种喂养是无法使你独立的。正所谓"学而不思则罔"，上述两种心态和等兔子撞树的老农是何等相似！这样的心态是必须杜绝的。

应该以积极的心态去面对偶然事件的发生，一心锄地浇苗，即使没有那只倒霉的兔子，依然要做到收获丰盈。

最后一个典故：刻舟求剑——关于思维

现代社会发展迅速，知识更新极快，科技发展日新月异，这就要求你们要紧跟时代的步伐，思想万万不可僵化。现在的考试题目注重的是，如何把书本的理论转变成解决问题的能力，这正是参加工作时你必须具备的能力。这就意味着，你在学习的过程中，一定要注重知识的活学活用，把书本里的知识和实践有机地结合起来。

现在非常流行两句话，"这个社会唯一不变的是一直在变""变是这个社会一直不变的东西"。它们是同一个道理。就拿你们的考试来讲，你们现在已经开始使用全国卷，这就要求你们的思维模式（做题方法，考点研判等）一定要从以前处理山东卷题目时所养成的旧有模式中脱离出来。一定要认识到：船已走远，痕迹无用。

三个典故虽然时代久远，但道理至今仍为人们所用。

儿子，坚定自己内心的方向，摆正心态，积极地转换思维方式，让梦想一直走在自己所选择的道路上。

祝你假日快乐、舒心。

于 2017 年 6 月 21 日夜

第
12
封
信

漫谈人格塑造（二）

儿子：

见字如面。

你下周将进行高一的最后一次考试，这是你一年来最重要的一次考试，也是对你这一年来知识掌握程度的一个测试。在此，爸爸希望你能发挥出自己的正常水平，预祝你取得好成绩。今天，爸爸想和你继续探讨一下"人格塑造"的话题。

爸爸认为，一个人如果想活得有意义，无非要做好两件事情：其一是完善自我，其二是惠及他人。两者是相辅相成的，只有自我得到完善，才能惠及他人；只有不断地惠及他人，才能使自己不断地成长。这就是现在人们常说的，"分享使人成功"。

"穷则独善其身，达则兼济天下"说的也是这个道理。

而如何获得这种"兼济天下"的能力呢？

爸爸认为，你应该先修己心，再实现自我，之后才能在帮助别人的同时，实现人生的价值。而达到上述目标需要经历如下过程：自省—自律—自信—自尊—自我—自由。

爸爸今天和你谈一谈使人不断成熟的三个基点：自省、自律、自信。

自省，就是自我解剖，直面真实的自己，自己的好坏优劣一清二楚。孔子都要"吾日三省吾身"，何况我们呢？因此，只有自己始终保持自省能力，才能够看清自己的弱点，做到不断地进步。

对于你来说，自省就是每天清晨要想明白，自己今天的任务是什么，并且要考虑今天如何做才能使自己有最大的收获。到了晚上，要对今天的所学进行反思和总结。从而知道哪些地方还没有掌握好，应该如何来补足。

如果你能坚持做到日结、周结、月结，并且尽量不留死角，这种习惯对你的学习必将起到很大的促进作用。

自律和慎独是一个意思。所谓"慎独"，是指一个人在独处的时候，即使没有人监督，也能严格要求自己。

无论做什么事情，成功的根本都在于自己的内心，这是做事能否成功的内因。无论在何种情境下，都要严格要求自己，使自己内心保持沉静，怀着始终如一的心态去完成任务。如能做到这一点，想不成功都难。

有人说过：判断一个人是否成熟的标准，就是自律。你如果能够做到自律，则意味着你的人格塑造向"成熟"的标准前进了一步。

而"自信"则是自省和自律后的一个初步的成果。人们常说"人要有自信"，自信又来自自身实力。而实力的获得则是持之以恒、坚持不懈努力的结果。

唯有此，事方成。

2017 年 7 月 3 日夜

漫谈人格塑造（三）

儿子：

见字如面。

今天爸爸想和你探讨一下关于人格塑造的另外三个基点：自我、自尊和自由。

百度百科对于"自我"的定义是：个体对自己存在状态的认知，是个体对其社会角色进行自我评价的结果。

爸爸希望你能成为独特的自己，拥有区别于他人的某些特质，比如培养起紧跟时代的思维模式和思考习惯，形成自己的认知体系；拥有的不仅是聪明，而是洞明事物本质的智慧；最终成为期待中的自己。通俗地讲，就是爸爸希望你能走出一条与众不同的路，不要人云亦云，而是拥有自我。

爸爸希望你知道自己想要什么，无论是在当下的学习还是今后的工作中，一定要找到属于自己的路，形成"自我"。

百度百科对于"自尊"的定义是：自我价值感，对自己的综合价值的肯定。爸爸想说的是，人一定要有尊严地活着，但如何获取自尊呢？自尊始于知耻，羞耻心能够使人节制自己的行为；还能使我们因做错事感到惭愧；也会因辜负了他人的期望而感到内疚。

只有保持自律，保持进取之心，才能使自己时时警醒、事事谨慎，才能使自己日日精进。如此，假以时日，便能成为最好的自己，进而获得尊重，赢得自尊。而自尊是形成完美"自我"的必备素养。

百度百科对于"自由"的定义是：人类在获得基本生存保障的前提下，渴求实现人生价值，提高生活质量，进而提高生命质量的行为取向和方式。

爸爸所认为的自由包含双层含义：人身自由、心灵自由。

如果没有坚实的物质基础，何来说走就走的旅行呢？

人身自由就是不为他人、他事所羁绊，能够达到"心之所想，身之所行"。

所谓的"心灵自由"，就是能够做自己喜欢的事情，放飞自己的梦想，让梦想到达你心之向往的地方。这也将成为你人生最终之追求。

2017 年 7 月 6 日夜

第
14
封
信

关于心态

儿子：

见字如面。

虽已放假，你却没有停歇，仍在参加数学奥赛培训，前天爸爸过去看你，也只是在一起待了一个多小时的时间，没说几句话，现在刚好有空，写信和你再聊两句。

到目前为止，今年的高考志愿已经填报完毕。上周放假，你在家也仅待了一晚，我们聊了几个很优秀的考生高考出现重大失利的情况。爸爸认为，他们失利的主要原因是，考试时心态没有调整好，输在了心态上。今天爸爸就和你聊聊关于心态的话题。

人这一辈子如想过得有意义，就要做好两件事：一是做学问，要做一个终生学习者；二是学会做人，人最后拼的都是人品。而如果想完成此两项重任，成就一番事业，就需要有"心"、用"心"。

我们今天探讨的"心态"，应该是一种平静的、波澜不惊的、不以物喜、不以己悲的心境。如想做到心如止水，需要保持一颗淡定之心，如想保持一颗淡定之心，需要及时清空内心，也就是保持一颗空心。此处的"空"，指的是应及时地排解自己内心的不良情绪，使自己能够以崭新的心态去面对新的挑战。

淡定之心是一盏明而不耀的心灯，它的光是柔和的、有内涵却不刺眼的。即使取得了一点成绩，也不必手舞足蹈地大肆宣扬，要保持一种内敛的心态。反之，如果遭遇到了挫折，则更需要平心静气、反思自己，找出解决办法。

淡定之心如何修炼呢？只有在平时的学习、考试以及和同学、老师的相处中，均以平和之心待之。这样日积月累，慢慢磨炼，终有一日，你便会拥有泰山压顶而不乱于色、雷霆万钧而不惧于心的心境，这就是人们所说的"超强的心理素质"。

今年的理综比较难，很多考生发挥失常，问了几个人，都说理综的第一题上来就把人打蒙了。心乱了，情绪失控了，导致下面的答题发挥失常，出现了兵败如山倒、一溃千里的情况。究其原因，就是心态没有调整好。

与其说高考是对知识掌握程度的考查，不如说是对人心态的一种考验。有很多优秀的学生都是这样，如果题目做得顺风顺水，就势如破竹、一气呵成；如果碰到难点，则会出现停滞不前、溃不成军的局面。讲到考试技巧时，大家都会说："碰到不会的你先不做，等回头再说。"但在高考这种重大考试面前，如果没有平时超强度的历练，想要做到在高考考场上调整心态，谈何容易！

当下的高考，我认为主要考查你们两方面的能力，一是扎实的基本功；二是应对困难的能力。这两方面又是相辅相成的，毕竟高考首先考查的是知识，在此基础上，再考查你的应变能力。试想，如果你的心态不好，轻易就会被困难打倒，即使你本事再大，又有何用呢？毕竟人生都是在不断地克服困难中前行的。

因此，你想取得超人的成就，心态的塑造是必须要完成的任务。

儿子，爸爸感觉你的心态还是不错的，需要继续保持和加强哟！争取两年后，你成为一个心态"超人"。

2017 年 7 月 19 日夜

谈 "心"

儿子：

　　你终于有了十几天的休息时间，我不再督促你学习。路走多了，需要停下来歇歇脚，心也需要安静一下。唯有此，才能更好地前行。虽然在家，但是我还想用这种方式和你交流，可能也已经成为一种习惯了，又或者是此种交流方式更能抵达彼此的心底。

　　今天爸爸想继续和你谈谈 "心"。

　　我们先分析一下这次期末考试。成绩还算可以，但仍要看到和他人之间的差距，语数外都需要进一步加强。在这三科中，英语和最高分相比就差了 20 多分。因此，高二首先需要解决的就是英语的问题，一定要在英语上有重大突破，要实现这一点，需要你下定学好英语的决心。

用心找到自己的问题，然后以坚定不移的态度去弥补它，并将知识贯通，此之谓"决心"。

通过一年的学习，你会发现，只要掌握好方法并且持续努力，就会有所进步和突破，而这些都来自进取心。高二是高中阶段最为关键的一年，如何使自己保持高昂的斗志，不断地克服困难、砥砺前行呢？这需要你始终保持一颗进取心。

"事事精细成就百事，事事惊喜成就一生"，此话阐明了细心之重要。唯有精细才能成事，唯有成事才能惊喜，唯有惊喜才会拥有璀璨的人生。

你每次分析自己的试卷，都会发现因粗心而造成的错误，这是一件可怕而不能容忍的事情。在竞争激烈的高考中，相差一分就可能落后千人，如因粗心而导致失去进入好大学的机会，你将遗憾终生。凡事必须保持精细之心态，此之谓"细心"。

儿子，爸爸跟你说过，高中三年是一条"长征路"，它拼的不仅仅是学习能力，还有耐力和心态。既然是一场"持久战"，那我们就不必走得那么急。只需在行进的过程中做到认清自己、修正自己；明确目标，稳扎稳打；不忙不乱，不骄不躁。

即使出现起伏和挫折，也要摆正心态，把心放宽。不在乎一城一池之得失，要做到"身处泥泞，遥看满山鲜花灿烂；面对艰险，心似湖水波澜不惊"。此之谓"宽心"。

如能拥有坚硬如钢铁之决心、奔腾如江水之进取心、温润如春雨之精细心、空旷如峡谷之宽广心，世间哪有不成之事，哪有不成事之人。

2017 年 8 月 2 日夜

做智者而非聪明人

儿子：

见字如面。

今年暑假相对轻松。但是在并不算长的这段时期，你一定要合理安排自己的时间，做到查缺补漏，争取把薄弱的科目提高一下。

我感觉，你对学习方法的掌握还是不错的，但是刻苦、努力的习惯好像仍然没有养成。记得你上次说，外语的阅读理解能读懂，但题目还是不会做。我认为造成这种现象的原因无非两个：一是你的理解力达不到，使得你无法对题目本身进行透彻的研究，导致你看到题目时感觉一片茫然，不知所云。二是知识面宽度不够。为何没有宽度呢？

一是读的书少，二是练的题目太少，对题目没有敏锐的感觉。当你读了大量的书，做了大量的题，有了量的积累之后，你的内心便会有积淀，再做题时自然会有感觉。"书读百遍，其义自见"讲的就是这个道理。

因此，对你来讲，不但要掌握方法，还要将它运用好。但是，如果不下苦功夫，仅仅凭借巧劲，是很难取得优异成绩的。

高考取得高分的难度不仅在于会做题目，还需要你能在有限的时间内，准确无误地完成试卷。

做前面的基础题时，要尽量迅速、准确；做中等难题时也不能耽误时间，只有这样，你才能挤出时间去攻克最后的难题。在这种高强度的考试中，很少有回头检查、改正的时间。因此，一定要保证正确率。

既然考试的难度如此之大，那么如何才能练就应对此类考试的基本素质呢？只有多下功夫，多练习、多积累，别无他法。

胡适先生曾说过：这个世界上聪明人太多，肯下笨功夫的人太少，所以成功者只是少数人。此处的"聪明人"，往往都是那些要小聪明，遇到大事却黔驴技穷的人。

儿子，你身边的人都很强大，并且都在积极地努力着。有句话是这样说的："世界上最可怕的事情，不是你不努力，而是比你聪明的人，比你还努力。"

高考是一场竞争性的考试。在山东，只有进前500名，才有机会进到一个顶尖的高校。对于这个每年都接近60万考生的省份来讲，要想取得此成绩，拼尽全力都不是什么易事，哪里还允许懒惰和懈怠呢？因此，下苦功、多夯实，是你必经的一条路，而不是寻求捷径，要小聪明。

这个假期，爸爸希望你在充分休息的同时，也能够保持一种积极的态度去学习，在语文和英语阅读上多下点"笨功夫"。

2017 年 8 月 10 日

证明自己的能力

儿子:

见字如面。

美好、欢愉的时光总是短暂的，昨天你们开学了，这也就意味着真正的高中生活开始了。为什么这么说呢? 原因有三:

一是高一时期只能算是适应性的学习时期，并不算是真正的开始;

二是文理分科后，直面高考科目，学习目标更加明确;

三是小班重新组合后，竞争变得更加激烈。

你今天下午打电话告诉我你被分在了九班（Ａ班），也就意味着你现在的境况将会使你们的竞争进入白热化的阶段，同时，也到了证明你自己能力的时刻，这需要你全身心地投入，容不得半点疏忽。爸爸今天想就我的三个律师同事的事和你谈谈应该如何证明一个人的能力，并且说明我的观点。

第一个故事的主人公是老王，他比我大几岁，从业十几年，业务一直做得不温不火。一天，他给我打电话，说要借点钱，我问他借钱何用？他说打算买辆二手车，并且告诉我说，买辆二手的豪车，出去能够撑门面，也好揽业务。虽然我对此行为并不认可，但还是把钱借给他了。两年后，我们再见面，问他效果如何，他答："唉，咋不管用呢？"

第二个故事说的是一位年轻律师。在一次吃饭时，他说起了一个想法，并向我征询意见。他准备读总裁班，以便结交一些企业家，然后利用学习机会拉近关系，以便揽到业务。我告诉他，朋友圈是自然形成的，而非硬挤进去的，即使勉强进去，刻意为之，也会因为身份的悬殊而不被认可和重视。我认为正确的做法是不断地提高自己，在财力、智力等方面达到和该朋友圈的人所能相匹配的程度，这样自然就能融入其中，并进一步证明自己，从而获益。

第三个故事说的是和爸爸同龄的另外一位律师朋友，前几年几乎销声匿迹了，但最近微信朋友圈突然被他刷屏了，原来是他成了某专业领域的领军人物。他的情况我是知道的，三年前我们见面时，他曾告诉我说："我现在坚持得很苦。"对于此言，我是深有体会的，个中的艰辛只有相同经历的人才会有感受。只记得我当时对他说了一句话："十年磨一剑，终将成大器。"

第一个故事，华丽的外表无法掩盖内心的贫瘠；第二个故事，成功不能靠他人，只能让自己成为自己的唯一依靠；第三个故事，成功需要阿甘精神。

儿子，你的人生路此刻才刚刚开启，但证明自己能力的时刻却已到来。在此，爸爸对你提出殷切期望，一是不追求缥缈、无用的东西。要怀揣一颗朴实、踏实的心，坚信内心沉静充盈才最宝贵；二是既然在 A 班，就说明你已经靠自己的实力进入了"第一梯队"，下一步要做的就是靠自己的实力融入其中并努力成为领导者；三是做一个"能够证明自己能力的人"。

儿子，相信自己，坚定信心。爸爸相信，两年后，你必将证明自己。

2017 年 8 月 24 日

第
18
封
信

关于自我沉淀

儿子：

　　见字如面。

　　上个周末，爸爸出差去青岛，没能见到你，但心存挂念。转眼开学有一个月了，不知道你在新的班级里是否适应？新班级、新老师、新同学，都需要慢慢地适应，我相信一切都会理顺的。爸爸今天和你聊的话题就是：心需沉淀，不必太急，慢工出细活，急则慌乱。

　　记得你打电话时曾说过，你们班有两位同学数理化这几门课基本不上，一心准备奥赛，我当时和你开玩笑："咱是不是也不需要上课啊！"你当即说："上课都只能勉强跟上，不上课哪行啊？"没错，每个人都有自己的学习方法，每个人都有自己的特点，我们千万不可"邯郸学步"，弄得最后迷失了自我。

记得爸爸上学时，有位姓高的同学，他和班里的学霸同桌。他发现这位学霸数理化基本不做题，每到自习课，只是看公式，看完就眯上眼想一会儿，然后再看。高同学感觉很神奇，于是他也学人家的样子，眯上眼，却睡着了。

爸爸想说的是：你要坚持自己正确的学习方法和学习习惯，沉下心来，认真勤勉，不可急于求成。日出在黑夜和寒风之后，美食在火候和工夫之后。好的东西，着急不得。很多时候，天赋像是一颗流星，在夜空中一闪而过，往往不能长久。即便聪慧如王羲之，也要靠墨染十八口大水缸打实基本功，根本没有所谓的一蹴而就、一步登天。做任何事，都是一样的道理——踏踏实实。

有篇很有名的文章——《多少人没熬过那三厘米》，讲的是，竹子用了四年的时间，仅仅长了三厘米，但从第五年开始，它便以每天30厘米的速度疯狂地生长，仅仅用了六周的时间就长到了15米。为什么会是这样呢？因为在前面的四年里，竹子将根在土壤里延伸了数百米。但是，很多人就因为前面三厘米的成长太过艰难，看不到出头之日便放弃。

儿子，高二是关键的一年，是承上启下的一年，是扎实基础的一年，只有在平时的学习中做到不疾不徐、稳扎稳打、知识不留死角，高三时才能顺利实现突破，达到自己所想的高度。此时的你们就像竹子一样，正处于长根阶段。因此，一定要耐住性子。

人有时不是不优秀，而是太着急，在此心境下行事，往往欲速不达。儿子，爸爸了解你，也相信你，你是独立的、有主见的，也有能力安排好自己的一切事情。儿子，你一定要做好当下，积聚力量，我相信你想要的一切终将如期而至。

　　对了，今天是教师节呢！不知你们给老师祝福了没？

　　最后，爸爸祝老师们节日快乐！

2017 年 9 月 10 日夜

学习的思维模式

儿子：

见字如面。

又到周末了，而你却仍在学校，国庆放假在外培训也没有回家。如此算来你已经离家一个月了。爸爸想，你在某个闲暇时，肯定也会想家。其实，爸爸妈妈也想你，10月4日是你的生日，只能下次回来给你补过了。

时间如白驹过隙，转瞬间，高中生活已过半。对于你们来讲，现在正处于一个知识爆炸和竞争激烈的时代。试想，勤奋的孩子那么多，为什么取得优异成绩的还是为数不多的几个人呢？爸爸一直在思考这个问题。记得你曾说过，你们班的各种牛人：肖某某数理化基本不上课，原因是课程太简单；夏某某做题速度比你快一倍，选择题上来直接写答案；白某某数学没有不会的题目……爸爸认为，他们之所以能够达到目前你不可企及的高度，和他们之前所养成的学习习惯以及思维模式有关，今天我们就谈谈这个话题。

决定成功因素的不仅仅是努力，更重要的是思维方式。而对于你们而言，指的就是学习的思维模式了。

你可以看一下周围优秀的人的学习轨迹，无论是从小学到大学的学习，还是以后的工作，他（她）们始终都是优秀的。如果对他们优秀的源头进行深挖，你就会发现，这些人在小学时就已经形成了良好的学习习惯。为什么儿时的优秀会一直延续下去呢？爸爸认为主要是以下五个原因：

一、把学习变成一种享受

要做到把学习变成一种像一日三餐那样很正常很舒服的事情，把每次做题、看书都看作是在享受美味。而遇到不会做的题目，就像是品尝从未吃过的佳肴，把这种持续不断的学习行为变成为制作一次饕餮盛宴所做的准备。在这种情境下，学习便不再是一种煎熬，反而成为一种美妙的享受。在美妙的享受过程中，你的学习习惯（自我学习的模式）便在不知不觉中逐渐形成了。而学习本身是自带加速度的，越学习，就越适应学习。学习就变成了快乐，哪里还有苦累之说呢？此种学习心态的建立，将会对你学习模式的建立起到很大的推动作用。

二、好的阅读习惯会有助于思维模式的建立

思维习惯有多重要？类比到学习，当概率论讲到大数定律的章节，一个听说过"路遥知马力，日久见人心"的人可能更容易理解；当物理课上讲到匀减速直线运动的规律，一个听说过"强弩之末，不可穿鲁缟"的人可能更容易理解。而这种思维习惯的获取，很大一部分就是阅读习惯的养成。

书籍的作用有两种：一是提供经验，二是教授理论。

各个学科相互间的通融性会直接影响知识体系的建立以及思维的开放度。因此，即使你选择了理科，也不应该把文史哲的东西全部放弃，那样将直接影响到你思维模式整体性的建设。

三、做题的本质是熟悉逻辑通路，进而提炼出解决路径

每做一道题，每理解一个概念，每尝试一次思考，都是在不断地熟悉其内容下的一个个逻辑通路。在不断熟悉的基础上，自然就会将这种思维习惯用到所遇到的与此逻辑类似的题目中去，从而举一反三。

因此，在做题目时一定要解决路径通道的问题，要做到追根溯源，挖掘路径的原点，长此下去，定会路径畅通。

四、思维习惯的上升空间是无止境的

现在流行一种说法："努力决定下限，天赋决定上限"，很多人认为到了顶尖的水平，只能拼天赋。但是爸爸并不太认同这句话，你要明白，越往顶端靠近，短板效应就越明显。在顶尖的位置，习惯、天赋、努力、方法等都已经是缺一不可的存在了。此时，这些因素都会成为必要条件，而"天赋"和其他因素相比并无不同之处。

五、"智商"带来的能力差距远小于思维习惯

当然，我们不能否定天赋的重要性，智商带来的能力差距确实是存在的。但你的归纳能力再高，也抵不上爱阅读的孩子积累下的可观的经验与理论存量；你的反应速度再快，也抵不上意志强的孩子听课从不走神的专注力；你的记忆力再强，也抵不上家教严格的孩子专注学习一下午的耐力。

儿子，你想在高手林立的人群中生存下去，就必须要做到以下几点：

一、不要仅用"被动的坚持"来对待你的梦想，如果你真的爱他，你不会被动坚持，学习即是享受。

二、阅读的精准度与阅读量直接影响学习模式整体性的建立。

三、习惯、天赋、努力、方法，这些都要达到一个高度才能培养起自己的学习模式。

四、别人牛并不可怕，可怕的是你没有建立起自己独特的适应当下学习的思维模式。

最后，爸爸送你一句话：哪里有什么永远的胜利，凡是自我驱动型人格，背后付出的努力远超人们的想象。

希望你能练就在享受中不断前行的能力。

2017 年 10 月 15 日

思维决定高度

儿子：

见字如面。

前天放假，你在家待了 28 小时，在如此短暂的休整时间里，关于学习我们并没有多谈，你只是告诉我们说本次月考考得不好，我也没问原因。一次小考失利不能说明什么，找出原因，做好总结，这才是最重要的。

今天爸爸想通过四个观点，来继续和你谈一下思维模式的问题，以期对你有所启示，因为思维模式将直接影响你对事物认知的高度。

一、我们在做一件事情时，要把目标作为第一考量爸爸想说的是，你有必要把高考作为当前最大的目标。高中三年的学习历程是一场持久战，比拼的不仅仅是智力，还有体力和耐力。因此，身体是完成该目标的基本保障。为此，你应该悉心地维护好它。

另外，现在的高考也是对各项能力的考核。很多学霸参加了各种竞赛，其目的就是想在高考中获得加分项。但是只要对高考有帮助，对你的学习有益，你就不必去考虑成本。

二、可做可不做的事情，一定要去做，因为那往往是你优秀的开始

这项准则教导我们：不能怕累，不能嫌烦，更不能投机取巧。要踏踏实实地去完成老师布置的各项任务，不要认为这个无用、那个也无用。你要明白"积少成多，集腋成裘"的道理，凡事没有白做的。千万不要做"书到用时方恨少"的蠢事。

这次，你语文考得不好，原因是你读的书太少，缺乏语感和语境。因此，只要有空，尽量多读一些书，即使是"没用"的书，只要读了，对语感的培养也是有好处的。

一定要有"下苦功夫，做无用事"的意识。

三、解决问题，不宜直面万物，而应回归原点

任何一道题所考查的都是一个基点，这是老师出题的目的，这个基点就是"事物的原点"，如果你做题时不能找到该"原点"，你就很难找到解题思路，自然也不能顺利地完成题目。因此，无论是语数外还是理化生，每个章节的核心是什么，一定要掌握准、掌握透，这是解题的钥匙。

另外，各个科目知识的梳理往往是两条线，一纵一横。纵是一条线，横是一条线，纵线讲的是各科单点的串联，横线指的是本科目多个知识点或多科目的相同知识点的横向汇总。纵向的知识点一般成为基本题目的考点，而横向的知识点往往能够成为最后综合性大题的源泉。因此，你在梳理知识体系时，一定要抓好这两条线，并且要找到将各个知识点

连接起来的关键节点。此处往往便是出题者的"原点"。

四、鸡头与凤尾的哲学

做普通班的鸡头还是当尖子班的凤尾，我认为这是一个不需要再去探讨的问题。

"宁可在凤凰堆里哭，也不在鸡群当中笑。"不同的群体给你带来的收获是不一样的。当然，爸爸也知道你当前的压力很大，这次回来你还说，你们班的两位"超人"中午几乎不睡，我当即就否定了这种做法。你从初中起就一直保持午睡的习惯，不管他人怎样，切记一点：别人如何，和我无关，坚持自我，做好自己！千万不能做邯郸学步的傻事。

因此，傻傻地学、静静地修、默默地练，唯此是尔！

2017 年 10 月 23 日

第
21
封
信

方法和智慧

儿子：

见字如面。

本周六爸爸要去参加一个论坛，所以这次你回家，就只能陪你半天的时间了。说是陪伴，其实是我忙我的事情，你做你的作业。这种感觉可谓"此时无声胜有声"。

当下可以说到了关键的时刻，也可以说到了该拼尽全力的时候了。此时拼的不仅仅是脑力和体力，更是方法和智慧。就此问题，爸爸还想和你简单地聊几句。

关键点一：慎始慎终。

无论是现阶段的学习还是日后参加工作，在做事时，你都应该保持一颗谨小慎微之心，做到"慎始慎终"。此处说的"慎"是多方面的，包括学习用心、饮食注意和身体健康等。三年的高中生活是一场马拉松，需要从始至终在各个环节上都秉持着谨慎小心的态度，唯有此，才能"方得始终"。

关键点二：只与高手过招。

上次我们谈到"鸡头和凤尾"的问题，我始终不赞同"宁做鸡头不做凤尾"的说法。即使是尾巴，也是凤凰的，头再大，也只是鸡的。因此，爸爸希望你不要有畏惧心理，只有和高手在一起，你才能切实地认识到自己和他们之间的差距，并且在此过程中不断地向他们学习，不断地提升自己。想一想，我们最后的目的是和自己比，做最好的自己，和别人无关。

关键点三：得知不乐，失之不忧。

上次听你说，你们班里有一个同学，一直不显山不露水，但月考数学满分，并且成绩直接上升为第一名。而你此次成绩并不是太好，这说明什么？说明高手过招，稍有不慎，就会满盘皆输。对于此次失利，爸爸没有过多询问，更没有责备，希望你始终抱有"得知不乐，失之不忧"的心态。心静则不急，不急则思稳，思稳则行进。

关键点四：立断立行，日拱一卒。

爸爸希望你不要有拖延的毛病，处理事情要做到"立断立行"。爸爸知道你们现在课业繁重，但你也一定要想办法把每天的知识点复习一遍，做到当日事当日毕，尽量不留疑问。即使有疑问，也争取在课余时间或放假时解决掉，这样便达到了"日拱一卒"的目的，时间一久，效果可显。

关键点五：积累当下，蓄势未来。

以你们当前的课程安排，到高二结束时，课程便基本完成了。爸爸认为高三一年的主要任务包括三个方面：一是高一、高二两年短板的补漏；二是知识体系的梳理；三是综合能力的提升。

但是，如果现在遗留太多的问题，到高三时就无法迅速解决，从而影响后面两项任务的完成。因此，只有做到积累当下，才能做到蓄势未来。

爸爸接连三封信都在讲思维和方法的问题，说了这么多，目的只有三点：

一是希望你在心态上做到不急不躁，唯有心如止水，才能方寸不乱。

二是希望你在学习方法上能做到以自我为主导，学习他人之优点，完善自身。

三是希望你在精神上能够做到丝毫不懈怠，日日求精进，唯有此，才会终有所成。

顺祝你周末愉快。

2017 年 11 月 28 日夜

第
22
封
信

该如何克服困难

儿子：

时间飞快，转瞬又过了两周。上次你回来，我感受到了你的压力。爸爸没有说什么责备的话，因为知道你已经很努力了。班主任给你的评语是："聪明中有灵秀之气，脚踏实地才会有深深的足迹。"这让我又想起了初中毕业时，你的任课老师们对你一致的评价："马啸天，留着劲去高中使吧！"爸爸体会到：你初中的学习并没有用尽全力，是靠"小聪明"度过的。

爸爸理解你的苦、你的累，但谁的人生不是在负重前行呢？儿子，你一定要知道，苦难是我们每一个人都必须要面对的人生课题。

爸爸的脑海里经常浮现出很多过往的画面：

你两岁半时，第一次送你去幼儿园，你转身找不到爸爸时便号啕大哭起来。但之后老师说，第二天你就不哭了。

你上幼儿园时，七点前我便送你去了老师家，你坐在小凳子上默默地看了一个小时的无声电视。这一年的时间，你也扛过来了。

上小学时，下午放学后，别的孩子都被接走了，你独自在工商银行门口等待父母。这六年你也熬过来了。

初中三年，你每天清晨五点半起床，晚上九点半回家。这你也挺过来了。

可以说，初中前的七年，你都过得很苦，爸爸每每想起这些情景，眼睛都是湿润的。

而此时，爸爸在济南过得也异常辛苦。

为了节省房租，两年里，爸爸搬过五次家。夏天没有电扇，只能在额头上放一块湿毛巾，第二天早晨，毛巾干了，也变味了。几乎每天很晚到家，也要坚持洗衣服、做饭……

儿子，人生道路上没有捷径。苦难是人生的必修课，此时的辛苦又算得了什么呢？

爸爸认为，老师们对你的评价可以分为两个方面：一是不笨，有潜力；二是不踏实、欠实干。爸爸认为此处的不踏实不是说你不努力，而是指你眼高手低。你认为没问题了便不再去做。

你上次说的一句话也说明了这个问题："这次数学题简单，因此没有考好。"这便是典型的眼高手低。量变才能引起质变，简单的题目更要予以重视，题目会做，但因大意而失分是最不可容忍的。

其实，这次你也考出了自己的真实水平，只是成绩没有进步而已，这说明你还是有很大进步空间的。班主任对你的评价从另一个侧面也给予了认可，因此，对于目前存在的问题一定要予以改正。

相信自己，改正自己，完善自己，做最好的自己。

爸爸相信你，加油！

2017 年 12 月 15 日夜

第
23
封
信

写在月考之后

儿子：

见字如面。

首先，爸爸对你在这次月考中取得不错的成绩表示祝贺，另外，我还想结合这两次的考试情况再说几句。

第一点，凡事皆有可能，不必过分纠结于日常的得失。

上次月考，一位同学考了班级第一，这次是另一位同学考了第一，当然你发挥得也不错，取得了第二名的成绩。这说明什么呢？说明一切皆有可能，即使你平时很厉害，但稍有不慎，便会被人迎头赶上。因此，你要时刻保持谨慎的态度，丝毫马虎不得。

第二点，要把控好整体和个体、优势和劣势之间的关系。

你们现在的考试比拼的是六个科目的总成绩，所以你必须要做到：各个单科要努力提高成绩，不能有偏科；考试时要做到全面重视，要发挥正常水平，单科不允许出现任何大的失误，避免陷入"一题做错整科溃败，一科考砸满盘皆输"的窘境。

第三点，要相信自己。

要对自己有一个清醒的认知，要相信自己是有能力的。"聪明且有灵秀之气"是老师对你的评价。但仅仅"聪明"显然是不够的，你还需要踏实，因为踏实是基础。

儿子，你要相信自己手中握有成功的种子。你要这么告诉自己："我就是我最大的资本，我唯一的信念就是相信自己。"要相信自己的能力，相信自己能够做到。

同时，你还要做到心无旁骛，不要去考虑阶段性的得失，做到竭尽全力去弥补短板、完善自己。不和任何人比，只和自己比，只和以前的自己比，看自己最近是否有所提高，有所进步，缺点是否改正。

第四点，要做到劳逸结合，保重身体。

这次放假，让你去看电影，就是为了使你绷紧的神经松弛一下。某位同学的身体不好，总是请假，这已经直接影响到他的学习。我曾经说过，三年的马拉松，现在仅仅过半，笑到最后的人才笑得最灿烂。在这个过程中，健康的身体无疑是打胜仗的根本保障。

儿子，时间飞快，马上就到期末考试了。这是一次大考，这次考试结束后，就意味着你的高中生涯已经过半，爸爸预祝你的半程马拉松取得好成绩。

2018 年 1 月 7 日

第
24
封
信

环境对人的影响

儿子：

见字如面。

爸爸今天和你谈一下你的班级——高三（9）班。你虽然也经常说起班级里的一些轶事，但爸爸从你的谈话中也能感受到，在这样的环境中你所承受的压力。

听你说，你们数学老师不大讲课，基本上都是要你们自己来讲，一开始你感觉不适应，但是，爸爸认为，这种教学模式能够充分地锻炼你们的理解力、演讲能力、表达能力以及场面控制力。后来听你说，你们对此已经习惯了，等老师再讲课时反而不适应了。

你说，这里一个月才放一天假，但是有的学生仍然会主动留下来，要求老师补课。这说明，你们这个群体在某种意义上已经具有了自我驱动型人才所具有的潜质。

听你说，在这里，同学们听到王者荣耀会一脸茫然，而讨论习题时则面红耳赤、热火朝天。这是习惯的养成，当把学习培养成为一种习惯时，那些本会令人痴迷的游戏也会变得毫无意义。

听你说，在这里，即使是打篮球，也会被看作一场竞赛，不知不觉便培养出了求胜的信念，并且凡事都想要做到最好。打球不仅仅是为了锻炼身体，也成了自我成长的一种途径。

听你说，在这里，每一个人都可能超越你，也有可能被你超越，任何人的优势都不再明显。永远谦逊谨慎，使之最终成为你的内在品质。

在这里，你会不自觉地想成为更好的自己，你会在内心生成一种自我向上的力量，而这种力量是任何外力都不能给予的。

在这里，你会在不知不觉中孵化出一套适合自己的知识体系和方法论，也会树立起一份境由心生的自信。不断地学习他人的优点，弥补自己的短板，再形成属于自己的东西。

在这里，你会十分自然地唤醒内心对知识真正的渴望，激发你生命的原动力，让你成为最棒的自己！

有句话说得好："人生最大的幸运，就是能遇到一些牛人，然后借助他们的力量，逼出自己的精彩！"

在这样的环境下，爸爸相信你会谱写出属于自己的精彩。

2018 年 1 月 17 日

第
25
封
信

谈读书

儿子：

见字如面。

前几天你妈告诉我，你让她给你买了几本书，其中有《史记》、蔡崇达的《皮囊》、柴静的《看见》、茨威格的《人类群星闪耀时》、梭罗的《瓦尔登湖》、夏榆的《白天遇见黑暗》、刘亮城的《风中的庭院》和《一个人的村庄》。

得知这个信息，加上看到这些书名，我心甚慰。寒假仅仅放了7天假，你却买了这么多书，而且书的可读性还挺强。爸爸看到了你对读书的渴望以及所读书籍质量的提高。今天，爸爸就从这几本书说起，顺便谈一谈自己对读书的看法。

《史记》就不说了，众人皆知。读史使人明智，不仅要读，还要大量地读。

蔡崇达的《皮囊》和柴静的《看见》都是很有深度的书，都是作者自身经历的总结和升华。

茨威格的《人类群星闪耀时》是对人类历史上重要人物和重要事件的一次集中梳理，你看后肯定会有所启迪。

梭罗的《瓦尔登湖》是一本关于心境回归的书，这也符合当下人们对心静、心清、心回的生活态度的追求。

后面这几本，爸爸没有看过，无法就其内容进行评判。

你选择的这几本书质量颇高，如能读透，肯定会对你文学鉴赏能力和写作能力的提升有很大帮助，从长远来看，读书的益处是难以言表的。

有句话说得好，"读书的厚度决定了你人生的高度"。儿子，如果你想飞得更高、走得更远，读书是唯一的捷径。

对于气质的培养，书是最好的营养品，书卷气是最好的气质，而书香是生命永恒的香气。读书会使你发生质的改变，会令你温润如玉、静水流深。时间久了，你的气质里便会藏着你走过的路、读过的书、爱过的人。人们常讲的"读万卷书不如行万里路，行万里路不如阅人无数"背后所蕴含的道理也是如此。

读书使人获得自尊，读书是门槛最低的高贵。读书，也会让你成为一个有温度、懂情趣、会思考的人，这必将使你的人生变得有趣、有度。

读书虽好，但书如汗牛充栋，如读必选，非选不读。

你的选择里藏着你的进步，你的辛苦里蕴含着你的成长。爸爸深知你的内心，也深知你的愿望。在此，送你一句冯仑的话：伟大是熬出来的，挺住便意味着伟大。

儿子，虽然我们要到春节才能相见，但爸爸仿佛已看到你春意盎然的样子。

2018 年 2 月 4 日

第
26
封
信

保持时刻清醒

儿子:

见字如面。

你人虽在济南,却不能住在家中,你还说,晚上是和同学们对一天的课程进行梳理的好时候。看到你们的奥赛课程表,爸爸才知道,你上晚自习,到晚上九点半。

今天你们期末考试的成绩出来了,这次考试你发挥出了自己的正常水平,还可以。我看了全市总的成绩表,你们学校的整体成绩却不尽如人意,出现了下滑的趋势,这不是一个好现象。大家好才是真的好,只有整体都提高,整体都在前进,才能使大家获得更大的动力。

今天爸爸想和你谈一下关于"清醒"的话题。

首先，看到他人之错，以便引以为戒；知晓自己之错，方能变得更好。如能循序渐进，则有助于塑造自我。爸爸曾经说过，文科生拼的是数学和英语，特别是数学；理科生拼的是语文和英语，特别是语文。你的成绩正好印证了这一点——语文成绩总是不上不下，英语的学习也无实质性的突破。

儿子，你对自己的弱势学科一定要有一个清醒的认识，并要坦诚面对，下定决心以改之，原先我们也探讨过这一点。语文读书少，英语底子薄，如需改进，语文则需多读书，英语则需多练习。你虽已知晓，但若想在短时间内有所突破也非易事。不过，我们还有时间。放假后，我们一起来分析原因，制订计划，争取早日实现突破。

其次，"聪明智慧"是做事尽善之石。

发现自己的优点谓之聪，发现别人的优点谓之明，学习别人的优点谓之智，能够利用别人的优点谓之慧。

儿子，做事一定要做到"聪明智慧"，不但要充分发挥自己之所长，还要借他人之优，如此你才能把自己打造得更加完美。优势科目需要保持，而对于劣势科目，他人好的学习方法及成功之道都是你必须学习和借鉴的。此后的时间，学习他人的成功之道和弥补短板是你必须要完成的课题。唯有此，你才会在有限的时间内实现大的突破。

再次，一切都是背影。

一两次成绩的好坏不能说明什么，关键要看你在每一次考试中得到了什么，改进了哪些，是否有自我提高。稳定比什么都重要，这不仅仅包括成绩的稳定，也包含心态的稳定，并且爸爸认为后者比前者更重要。

学期结束，高中过半。心态要放平稳，不要因考得好而沾沾自喜，更不要因考得差而难过，一切都是你熬过的岁月对你的回馈。对于你走过的路而言，能够留下的只是背影，我们还需继续前行。不要留恋你身后的东西，因为前面有更加绚烂的风景。

最后，路选对了，目标才不会遥远。

爸爸知道你是一个有主见、有想法的孩子，并且你的很多做法也是爸爸所认可的，它们将直接影响你今后道路的顺畅与否。目标已清晰可见，道路虽曲折却渐宽，路宽则可提速。因此，未来之门已不再遥远。

儿子，放假了，你需要做的是修性、修身、修业。修性会使你拥有一颗不急不躁的心；修身会使你拥有一个健康茁壮的体魄；修业会让你拥有知自己之短而不断前行的思想。

我们都忙了一年，腊月二十九就能相见了，期盼。

2018 年 2 月 11 日

第
27
封
信

为什么要上名校?

儿子:

见字如面。

这次爸爸和你谈一谈关于大学的问题。我们平时也总是在关注一些名校,对此也有过交流,今天爸爸想谈一谈我对高校特别是对名校的理解,希望对你有所帮助。

记得在一档电视节目里,高晓松曾给名校下过一个定义,"名校乃镇国之重器"。真是一语中的,这句话把名校的内涵和重要作用都表达出来了。纵观历史,能在某个领域做出杰出贡献的人大多出自名校,相信你随口也能说出几个来。

因此，从这个意义上讲，名校生应为国之栋梁，是扼住时代脉搏的未来之星，是在时代洪流中能够被铭记的人，是能够给一个时代增添色彩的人。

　　名校毕业的人会有更多的机遇，此乃进名校的原因之一。在你整个的人生当中，职业的选择是最重要的，做出正确选择的基础是，你所拥有的"资本"。而你最重要的资本有两个：一个是你所拥有的资源，一个是你个人的素养，名校将会为你的人生选择带来与众不同的资本和底气。

　　大学会教你怎样活得更好，而名校则会教你怎样活得更精彩。

　　不仅如此，名校优渥的资源会让你接触到更新更全的知识，名校优越的师资会让你的视野更开阔，名校卓越的声誉会使你拥有更多学习的机会。名校培养出来的学生，其风骨更硬、胸襟更广、气魄更恢宏。

　　儿子，放飞你的梦想吧！唯有此，你的青春才会绽放出更绚丽的华彩，你的人生才能在时代背影上添一抹底色。

2018 年 1 月 26 日

关于知识体系

儿子：

　　再有三天便开学了，这次开学也意味着你高中生活的下半场开始了。关于弱点、强项、细节、心态等，春节这几天，我们聊了很多，我相信，此后你对这些都会有更深的认知和理解。

　　今天，爸爸想专门和你探讨一下知识体系这个话题。知识体系包含的内容很多，我主要从以下三个层面和你交流一下：

　　第一个层面：学习方法、认知思维、时间管理。

　　关于学习方法，爸爸只想说，百人百法，适合自己的便是最好的。经过这么多年的学习，你应该已经练就了属于自己的方法。因此，在学习方法上，你要做到坚持自我、不断改进。

关于认知思维，有句话讲得好："认知模式比学习更重要，思维结构比思维本身更重要。"而所谓的认知模式，爸爸认为，它指的是对知识原点的思考。比如你做一道几何题，百思不得其解，老师画了一条辅助线，你便豁然开朗了。为什么你想不到这条线呢？我认为其原因是你对这道题所涉及的基本知识的认知出现了问题。解决数学题的工具是数学公式，而对于公式进行多种方式的拆解和运用便是认知模式。

思维结构应该是复杂问题框架的建立及切入点的设计，一道复杂的题目就像一座迷宫，如何才能顺利地走出去，这就要求你对迷宫的结构有充分的了解，对迷宫的出入口要了然于心，甚至能够将迷宫拆掉重新建设，自己设计出入口。那样的话，迷宫何迷之有？而做到这一点的基础是，一定要掌握知识结构的构建方法。对于学习来讲，掌握每一科知识体系的构建、方法和技巧显得尤其重要。

关于时间管理。时间对于每个人而言都是绝对公平的，如何在有限的时间里做更多的事情？唯有做好时间管理。对此，爸爸认为应该做到以下三点：一是要遵从自己的生物钟，你的作息时间，是你时间管理的基础；二是要知道自己何时学习效率更高、何时效率相对较低，因为你不可能做到所有的学习时间都全神贯注。对于时间和学习的搭配，你也要考虑周全，在效率高时做难题，在效率低时做相对容易的题目；三是要做到无谓的事情不要参与，尽量不要将自己的时间和精力过多投入在与学习无关的琐事上。

第二个层面：纵横连接、老师总结、自我补缺。

原先爸爸和你谈过"晶体知识体系"的话题，今天我们不妨把它再延伸一下。

石墨和钻石的化学成分都是由碳单质组成的。但由于形成的温度、压力、环境不同，从而使得两者的结构不同，导致两者的价值相差千万倍。由此可以看出"结构"的重要性，学习亦是如此。而结构是什么呢？对于学习来讲，结构就是知识体系，我们把已经固化的深入脑海的知识结构称之为"知识晶体"。

那么如何让知识形成晶体呢？我认为，基本知识点的纵横连接、精华知识点的教师总结和个别知识点的自我补缺，是建立自己知识晶体三个不可或缺的部分。在建立知识体系的过程中，要做到以自己的主观能动性为主，以教师的点拨和启发为辅。

从时间上看，基本知识点的纵横连接集中在平时，精华知识点的教师总结应在集中复习串讲时，而个别知识点的自我补缺则应放在最后。因此，你一定要合理地分配时间，按照自己的步调来完成这三部分。

第三个层面：学习效率和学科重点。

在时间管理中，爸爸对有关时间的问题已经进行了阐述，此处我强调的是，如何提高单位时间内学习效率的问题。"不磨洋工"是提高效率的根本，平时遇到难度较大的题目，如在合理的时间内还没有完成，则需要借助外力来解决，而不是要求自己逞一时之能，花费过多的时间去完成它，以证明自己所谓的实力。即使最后你"费了九牛二虎之力"，把这道难题攻克了，你也已经精疲力竭，当天安排的其他事情，也没有气力去完成了。这样的做法终究是得不偿失的，此类"傻事"绝不能做。

再者，对于学科重点的把握也是非常重要的。学科重点不仅仅是知识体系的支柱和灵魂，它们往往也是高考出题的核心。对此，你不仅要知道其在整个知识体系中的结构位置，更要明白其核心价值。出题者往往会以这个点为核心，进行题目的设计和编排，你掌握了它便意味着你掌握了解题的钥匙。

儿子，好的方法只是让你更省力，好的架构只是让你对所学科目的知识脉络更加明晰。但是，这个世界不存在与内容相隔离的形式、与实质相脱离的框架；也不存在与经历、记忆相剥离的思维和内容。而实质、经历、记忆等这些东西，也只能在实践中才会得到积累。说到底，"好学深思"，四字足矣！

儿子，新学期开始了，你将重新启航，老爸祝你在新的学期能够更上一层楼。

2018 年 2 月 27 日

第
29
封
信

再谈写作

儿子：

见字如面。

记得你刚上高二时，我们就曾对你的语文进行过分析，阅读理解容易出错、作文分数不高是你的两大致命问题。造成此种状况的原因我们都心知肚明。你的阅读量不够，则难以训练出良好的阅读技巧，对很多文章的真正含义便难以理解了。至于作文写作，爸爸感觉你的文章更像是文字的堆砌，而缺少内涵和打动人心的点，就更不要说深度的思考和启示了，这样的作文得不到高分是必然的。

阅读的事情只能你自己来完成，而关于阅读技巧的问题，爸爸有机会再和你单独进行交流。其实我们曾就这个话题进行过探讨，但上次所讲的更侧重于写作的框架，这次爸爸想就写作的重心和文章的内涵再和你交流一下。

首先，我们有必要先讲一下关于写作的几个问题：一是文章应该写什么内容；二是你写这篇文章的目的是什么；三是如何将你所写的内容和目的合二为一，给人触动和思考。

写文章最忌讳胡编乱造、假大空。你应该写你所经历过的真实的小事。只要是亲身经历的，就肯定有所触动，在阐述真实经历的基础上，把对你心灵有所触动的点滴进行抒发，以此使他人产生共鸣，并让他人有所思考和感悟，这就是好文章。

因此，爸爸认为，此类文章的基本结构应该是："你的真实经历 + 你的心灵触动 + 你的深度思考"，你可以把它看作是一个写作公式。在这三点中，"你的深度思考"应该是你写这篇文章的目的，它最好能够给读者带去启迪，并让他有所思考。就目前高考对学生们的写作要求而言，只要是言之有物，有真情实感，有所思所想，有感悟和思考，就算是好文章了。

从大的方面看，当下高考对写作主题的要求可分为两类：一类是关于人生的问题，另外一类则是关于社会的问题。

关于人生问题，主要分为以下四个方面的主题：一是自身成长方面，包含青春、志向、成长、劳动等；二是道德修养方面，包含习惯、宽容、尊重、良知、诚信等；三是人生信念方面，包含责任、创造、理想、成功等；四是情感世界方面，包含友情、爱国、感恩、沟通、理解、尊严等。

关于社会问题，可分为以下四个方面的主题：一是规则规范方面，包含公平、规则、平等等；二是社会热点方面，包含环保、时尚、崇拜、和平、竞争等；三是科技时代方面，包含太空、网络信息、发现、科技和人文等；四是人生、社会哲理方面（这个层面包括个人和社会的结合），包含自身价值与社会价值，历史和现实，永恒和瞬间，变与不变，人与自然，自由和纪律，理想和现实等。

爸爸认为，这些主题就是你写作时应思考的点。结合刚才我说的文章基本结构的公式，看一下一篇文章应如何进行构思。根据这个公式，用逆向思维来确定构思的方向，先根据试卷作文材料（当下基本都是材料作文）来确定文章的主题是上述八大主题的哪一类。主题确定后，再回想你有意义的经历，包括读的书、见的事、看的景等，然后把两者进行搭建和结合，找到他们之间能够自然结合的点，然后再倒过来写，这样一篇文章的思路便形成了。

但是，应该注意的是，经历和思考之间需要一点点润色，那就是你的小触动，从小触动到大思考是一个过渡，也是一个链接。有了它，便会让人觉得自然顺畅而不唐突，避免留下空喊口号的印象。

儿子，你要记住，不管构思多么巧妙，文字多么优美，最为重要的仍然是好的思考能给人带来什么感悟。

儿子，爸爸只是将自己在写作上的一点小思考讲给你，具体还需要你自己在实践中多加练习，愿此小文对你的写作有所帮助。如此，我心甚慰！

2018 年 3 月 1 日

第
30
封
信

关于环境的适应

儿子：

　　见字如面。

　　开学一周了，你是否从年假的松散中恢复过来了？是否已经适应了学校紧张的学习氛围？今天是周末，爸爸想和你谈谈关于如何适应环境、如何考量自己并使自己独立的问题。

　　当下你所处的环境相对单纯，它主要分为：外在环境和内在环境。

　　先看一下你所处的外在环境。就目前而言，影响你外在环境的因素大概有以下几个：

第一，学校环境。

比如，学校饭菜的问题；教学楼、宿舍楼管理秩序的问题；学校作息时间安排问题等。

第二，老师对你们的影响。

喜欢某老师，因此愿意学习他的科目；讨厌某老师，便将他的科目放在次要位置；更甚者，和不喜欢的老师发生冲突。

第三，身边人的影响。

和同学因为琐事而发生了矛盾，久久不能释怀，甚至发生冲突。

儿子，在生活中，有些事情是你能够改变和控制的，有些事情是你无法改变和控制的。如果你明知有些事情无法控制和改变，而采取强行的态度，不仅会使自己受到影响，还可能会撞得头破血流。对于我们无力改变的一些外在环境，只能去适应它。

我们再看一下影响你独立成长的内在环境，内在环境其实就是你自己的内心。爸爸把它分为三个方面：

第一，你的日常习惯。

每个人都有属于自己的固有习惯，这构成了生活方式，但恰恰是这些固有的东西会让你日久成习，对于日常一些不好的习惯，要坚决摒弃。

第二，你的个人情绪。

人有喜怒哀乐和好恶观感。如果过于情绪化，会使你无法理性思考，让你沦为情绪的奴隶。比如：因和同学拌了两句嘴，自己就变得情绪低落，无心做事，这种情况绝不允许存在。你应该学会"表达你的情绪，而不是用情绪表达"。

第三，你的个性。

爸爸讲过，你要保持自我，这里所说的自我和个性是不一样的。你的个性一定不要脱离你所在的共性环境，不要标新立异，否则你便容易格格不入，这会让你更容易受到身边环境的影响，从而使你心情沮丧甚至抑郁。

分析过内外环境之后，我们如何才能使自己不断强大直至独立呢？爸爸认为，你应该坚持这样的原则：对自己有益的东西、好的习惯要坚持；给自己带来不利影响的东西要漠视，自身不好的习性要摒弃。如能这样坚持下去，那些好的东西，便会一直给你带来正能量；而那些坏的东西，也自然会离你远去。

儿子，有句话说得好：想做大事的人从来不会纠结在烂事上面。人生苦短，我们要做的事情很多，如果你想要收获一个丰盛美满的人生，就千万不能和烂事纠缠。

就目前而言，所谓的烂事，就是那些对你的学习产生阻碍，让你心情郁闷、烦躁的琐事。如果你在这些事情上给予太多关注，那将会直接影响到你的心情，使你无法平静，无法以平和的心态去做你应该做的事情。

这说起来容易，做起来不易。如何做到心境单一、不过度纠结于烂事呢？爸爸认为应该做到两点：一是要拥有不受外界环境干扰之决心，唯有此才会目光凝聚、心向阳光；二是时刻保持独立清醒之心态，唯有此才会扫除内心之阴霾，清爽前行。

儿子，环境造人，心境炼人。如果对自我心境保持清净之态，对目标心存至诚之心，何难之有、何事不成呢？

2018 年 3 月 10 日

教育的目的

儿子：

见字如面。

今天，爸爸想和你谈一下教育的这个话题。在谈这个话题之前，先说一下爸爸的一点感受。你的高中生活已过半，两周一次的假期，在家掰着指头数完珍贵的 28 小时，然后便得返校了。每次送你走，望着你独自离去的背影，爸爸便想起龙应台《目送》中那句令人心颤的话："所谓父女母子一场，只不过意味着，你和他的缘分就是今生今世不断地在目送他的背影渐行渐远。你站在小路的这一端，看着他逐渐消失在小路转弯的地方，而且，他用背影默默地告诉你，不必追。"

爸爸感觉你长大了——无论是知识上的丰盈还是个人成长上的成熟。离开家就是为了求学，为了将来，但你一定要知道求学的目的是什么，受教育的终极目标是什么。

教育，顾名思义，一个是教一个是育。教什么？教知识，教见识；育什么？育人，使其人格完整、心志成熟。也可以说，教的是学识，育的是人格。而在这两点中，独立人格的培养更为重要。因此，从某种意义上讲，家庭教育便成为决定一个人将来能否立足社会的根本。

学校教育和自身的内化是学识教育的基础，而家庭教育则是一个人人格形成的关键。从这个层面来讲，学校侧重的是"教"，而家庭更多的则是"育"。只有将这两点充分地结合好，才能培养出真正对社会有用的人才。

儿子，求学之路是艰辛的，而成才之路更是异常艰难的。付出了如此大的努力，究竟是想得到什么呢？换句话说，受教育的终极目的是什么呢？曾任耶鲁大学校长20年之久的理查德·莱文说过：如果一个学生从耶鲁大学毕业时，居然拥有了某种很专业的知识和技能，这是耶鲁教育最大的失败。从他的话中我们可以感悟到：教育的目的不仅仅是学到知识，更重要的是要习得一种思维方式，学会如何去思考、去选择，拥有信念和自由的思想，并进一步把自己培养成具有行动能力、思考能力和创造能力的人，练就能够完全掌控自己人生的本领。

教育的目的到底是什么呢？我认为它应该包含以下几点：

首先，获得知识，取得成功，赢得尊重；其次，让你胜任任何学科和职业；再次，改变你的思维模式；最终，学会思考与选择，拥有信念和自由。这是教育的目的，也是获得幸福的捷径。

儿子，你的人生列车将驶向何方、能续航多久，这完全取决于你的学识和人格素养的高低。奋勇前进吧！

2018 年 3 月 20 日

第
32
封
信

家长的压力

儿子：

　　见字如面。

　　今天是周末，爸爸有些空闲时间和你交流一下关于人生的一点思考。而写这封信的缘由是和几个家长关于孩子成长话题的交流。

　　昨晚和几个朋友在一起吃饭，谈到孩子的学习问题，明显感觉到他们的压力。两个初三孩子家长都说了相同的话，"现在孩子学习真累，每晚写作业到 11 点，第二天 6 点就要起床。即使这样满负荷的学习状态，成绩仍然不能如愿，很是焦急"。听他们所述，自己的孩子都已经很不错了，但是好像离他们的期望还有很大差距。

他们的焦躁让爸爸想了很多。我们的社会怎么了？我们的家长怎么了？现在的社会到底需要什么样的人才？家长对待孩子的学习及以后的发展应该秉持什么样的态度？在孩子的成长过程中，家长应给予怎样的帮助和指导，以使孩子能顺利走完自己的人生？

儿子，记得爸爸曾经跟你说过，你们赶上了一个最好的时代，也赶上了一个极具压力的时代。说它好，是因为物质资源极为丰富，可以为你们提供学习上的全面保障，不再像爸爸上学时那样缺衣少食。说它极具压力，是因为现在社会的变化太快，竞争更加残酷，对你的成长也有了更高的要求。

一、什么样的人才更能适应社会的发展？

爸爸认为，社会的发展需要复合型人才，这种人才的塑造需要完成三个方面的内容：一是基础知识的学习；二是专业技能的培养；三是社会适应能力的锻造。而这三个方面能力的形成是在不同的阶段完成的。基础知识的学习是在大学前的教育阶段完成的（12年），这个时间是最长的，也是打基础的阶段；专业技能的培养则是在你们的大学本科、研究生甚至博士生阶段的学习。当然，学到何种程度，得看你们以后所从事的工作以及对自己的要求；适应社会的能力是你们进入社会所需要迅速培养的，这个阶段要求你们将自己的专业技能和健全人格完全地结合起来，使你们的专业技能得到充分的发挥，这样，人生价值才能得以实现。

这三种能力的养成需要遵循时间上的递进关系，如能按部就班地完成每一个阶段的任务，你的人生之旅将会非常顺畅。

二、家长对你们第一阶段的成长应该秉持怎样的态度和处理方式？

家长总想把自己的孩子培养成全能战士，琴棋书画无所不能，十八般兵器样样精通。并且，家长总爱拿自己孩子的缺点和别人家孩子的优点进行对比，总认为十全十美的都是别人家的孩子。在这种情形下，家长难免焦虑，那孩子又怎么能不累垮呢？

我认为，家长的正确做法应该是，对孩子的优缺点要有一个基本的认知，要承认孩子的差异性，接纳孩子的不完美。这样孩子才能更快、更舒适地成长。因此，接纳孩子的不完美是天下父母的必修课。

儿子，爸爸认为我和你妈已经做到了这一点。你从小学到现在，没有上过任何辅导班，唯一的一个课外班是你上三年级时给你报的书法班，去了几次你就"罢工"了。因此，你的小学、初中应该是在幸福状态中度过的。当然，这就导致了你没有任何特长，唯一的爱好就是"玩"。你没有压力、心情舒畅，唯一的任务就是完成文化课学习。现在看来效果还不错。这样的话，你自身是快乐的，我们也不存在什么焦虑。

儿子，人生如花，但因特质不同而被分为不同的品种。梅兰竹菊，各有特点、各有魅力，但它们绽放的季节是不一样的，它们美丽的时刻也是不一样的，有的一开始就灿烂绽放，而有的则需要等待漫长的时间。

人生的三个阶段就如花儿的花期一样，可能有的孩子学基础知识时有偏科，总体成绩不太好，但是到大学后，一旦学了自己喜欢的专业，就会取得飞速的进步；有的孩子虽然在学习阶段不是太优秀，但人格健全、沟通能力强、适应社会快，自然也会在之后的工作中如鱼得水、游刃有余。

另外，爸爸想说，人生无返途。如果在每个阶段都能尽力而为，做最好的自己，那你的人生将没有遗憾。

2018 年 4 月 1 日晚

未来可期，学会预测

儿子：

见字如面。

今天我们继续探讨有关人生的话题，聊一聊关于未来的一些想法。未来是当下我们每个人都会关注的一个话题，人们都渴望预见未来，并且希望把自己塑造成为未来社会所需要的样子。

关于未来，我们需要考虑两个问题：一个是我们能否预测未来？另一个是如不能预测，那我们能否修炼出一种对未来的发展趋势做出判断的能力？这种能力如何获得？

第一个问题：关于未来是否可以预测。

德鲁克曾经说过："未来是不可知的，也是不可能预测的。因此我们不应该预测未来是什么样子，并去为未来做些什么，而是研究今天做什么，做好当下才会有未来。"

为什么未来无法预测呢？因为预测想的是什么在变，而变化的东西是无法捉摸的。"这个世界唯一不变的是一直在变"这句话，让我们感叹世界变化之快。当你一直追着变化的屁股跑的时候，你是无法对未来做出准确的认知和判断的。

那我们就没有办法或能力对未来的发展方向有所判断和探究了吗？当然不是。既然可变的东西不可追，那不变的东西是否可追寻呢？这个世界上有没有基本不变的东西呢，有没有以不变应万变的东西呢？我想是有的，比如，我们学习知识的方法：博学之，审问之，慎思之，明辨之，笃行之；比如，自身修养的步骤：格物，致知，正心，修身；再比如人生应该保持的态度：知者不惑，仁者不忧，勇者不惧。

再拿我们常常谈到的"热门专业"来讲，真的有热门专业吗？事物均有两面性，有热就有冷，很多所谓的热门专业都是各领风骚三五年，爸爸认为最热门的学科就是基础学科，而你们高中所学的就是基础学科。大学期间如果选择基础学科作为专业，再把大学的思维模式以及学习方法融入其中，把它们修炼成一种自身所具备的能力。这样在你进入社会后，就很容易去应对基本工作。即使几年之后这份工作被淘汰了，你也因为具备基本的能力而不会对任何变化心存畏惧。

说了这么多，这种对未来发展具有探究性的能力是什么呢？如何才能培养出这种能力呢？这就是我们将要探讨的第二个问题——远见。

第二个问题：关于远见。

能够对事物的发展和未来趋势做出研判的能力被称为远见力。拥有了远见力，你可以从不同的视角去看待事物，去掌握目前以及未来的趋势。而这种远见力的培养源于实践，是在不断做事的过程中逐渐拥有的。

观察你身边的那些牛人，他们的远见都是在不断迭代的，他们每次的见解都是不一样的。特别强调的是，真正的远见力只有肯做事的人才具备。

儿子，你学的虽然是理科，但不要荒废历史这门学科。历史不但能让你看清社会，也能帮你走好人生路。在认清未来的问题上，如果想不明白了，可以去看看历史，它能够折射出很多现实的和将来的东西。有句话说得非常好："你能看见多远的历史，就能看见多远的未来。"

儿子，说了这么多，无非两句话，我们虽然无法预测未来，但要拥有卓越的能力；我们不妄想预知前景，但要有拥抱当下的决心。

做好当下，这是你能看到的最好的未来。

2018 年 4 月 9 日

第
34
封
信

谈分享

儿子：

见字如面。

爸爸最近一直在出差，即使周末也没有休息，甚至从聊城回来时还误以为今天是周三。明天还要出门，今天下午有少许空闲时间，在此和你聊一下关于分享的话题。

在谈这个话题之前，我们先回顾一下你当前的学习模式。爸爸认为，你们当前学习采取的是"自学 + 讨论 + 宣讲"的方式。具体来讲就是，你们根据老师下发的学案，自己先独立学习，然后针对难点分组讨论，最后由一名同学上台进行讲解，爸爸认为这种学习方式十分科学。

这种学习方式是借鉴了"学习金字塔"的成果。

为了便于理解，我简单地介绍一下这种学习方法。学习金字塔是美国缅因州国家训练实验室的研究成果，它用数字形式形象地显示，采用不同的学习方式，学习者在两周以后所能记住的内容（平均学习保持率）的多少。它是一种现代学习方式的理论。

理论的具体内容如下：

在塔尖的第一种学习方式——"听讲"（这是我们最熟悉最常用的方式），也就是老师在上面说，学生在下面听。这种学习效率是最低的，两周以后学习的内容只能保留5%；第二种，通过"阅读"方式学到的内容，可以保留10%；第三种，用"声音、图片"的方式学习，可以保留20%；第四种，"示范"，采用这种学习方式，可以保留30%；第五种，"小组讨论"，可以保留50%的内容；第六种，"边做边学习"或"实际演练"，可以保留75%；最后一种，在金字塔基座位置的学习方式，即"教别人"或者"马上应用"，可以保留90%的学习内容。

可以看出：学习效率在30%以下的几种传统方式，都是个人学习或被动学习；而学习效率在50%以上的，都是团队学习、主动学习和参与式学习。而在这几种方式中，最有效的学习方式就是"教别人"。这就是爸爸今天给你谈的话题：与他人分享。

"教别人"实际上就是分享，分享你的所学，分享你的所感，分享你的所获。这种学习方式在给予别人帮助的同时，自己也大获裨益。俗话说得好，"送人玫瑰，手留余香"。因此，分享不仅仅是帮助他人更是成就自己的一种方式。

人们在研究后发现，在任何一个领域，输出能力最强的那些人，都会摘走最大的红利，无论是写作还是演讲。因此，儿子，不要胆怯，一旦有机会，就站上讲台，与他人进行分享。因为只有通过无数次的宣讲，你才能培养自己的输出能力。不仅如此，你还要始终保持一颗坚持不断向外界输出自己独立思考成果的心。

高中两年渐终，爸爸看到了你的成长，你已经没有了在别人面前说话时的羞涩和忐忑，也树立了对薄弱学科学习的自信心，特别是你心理素质的提升，成绩也日渐平稳。爸爸认为：以上这些成长和改变，很大一部分都是受益于你们现在所采取的学习方式。

徐小平曾经讲起他的人生经历，"正是在不断地磨难和帮助他人的过程中完成了自我的改变和成长"。因此，他认为，帮助他人是上天留给自己的绝佳机会，只有自己取得成功不算真正的成功，能同时帮助他人获得成功，才算得上是真正的成功。

儿子，无论是在学习还是今后的人生道路上，你一定要始终秉承着这样的理念——生命以获取而续存，生命因给予而繁盛。

2018 年 4 月 16 日

成人礼寄语

儿子：

　　见字如面。

　　五一假期到了，你却在北京回不来。你一定要照顾好自己，要注意安全和饮食规律。你上次放假，爸爸出差了，只能再等一个月才能见面了，时光就是在这种交错中度过的，而人的成长也是在这种不辞辛苦的奔波中实现的。

　　记得上次我们见面是清明节放假期间，时间短暂，未能深聊，你只是应学校的要求，让我给你写几句"成人礼感言"。今天爸爸想借上次寄语的内容再和你唠叨几句。

我记得当时那篇寄语是这样写的：

成人礼之寄语

儿子，你的人生之旅即将启航，在此叮嘱几句，以作成人之礼。

求知寄语：博学，审问，慎思，明辨，笃行。

修养寄语：格物，致知，正心，修身。

人生寄语：知者不惑，仁者不忧，勇者不惧。

求知、修身、克难是人生必经之路，物有本末，事有终始，唯有依序竭力前行，人生才会有所收获。

2018 年 4 月 6 日

此篇寄语，爸爸是从求知的方法和态度、自身修养之路径、人生征途之锻造这三个方面对你提出的期望。

关于求知寄语，语出《礼记·中庸》，它提出了求知的方法和路径。

博学，讲的是学习知识的广度。你虽学了理科，但是对文学常识、历史知识及其他常识性知识也要有所涉猎。各个学科的知识都是贯通的，唯有博学才能让你的知识形成体系，让你的思维更加宽广，让你的大脑更加活跃。

慎思，讲的是周全的思考。对你们而言，特别是在做综合性的题目时，需要你能够完整地掌握知识且进行深度的思考，只有这样，才能找出解决方案。如知识留有死角，那最后的综合性题目是难以解答的。

审问，讲的是有针对性地请教。对于不会的问题，一定要及时请教，这是做到知识不留死角的办法之一。

明辨，讲的是要形成清晰的判断力。这样，你才不会走弯路，并且能够提高自己答题的速度。

笃行，讲的是知识对于实践的价值。所学的知识最终是为了指导实践，只有边学习边实践，两者相互交替，才能实现知识的真正价值，进而在实践的反作用下，你的知识才会进一步得到夯实和拓展。对于你们而言，就是要学会把基本公式和基础知识不断地进行推演，练就举一反三、见微知著的本事。

关于修养寄语，语出《礼记·大学》，它讲了提高自身修养的步骤。

简单来讲，就是对事物的原理要有深究的决心，只有这样才能获得丰富的知识；对自己的内心要保持端正而无邪念，只有这样才能使自己成为有品德有修养之人。

关于人生之寄语，语出《论语·子罕》，它从三个层面讲了如何成为优秀的自己。

只有不断地求取知识，方能减少自己对外界事物的困惑；只有真诚地待人，胸怀坦荡，才不会存有忧虑之心；勇敢地践行，就不会畏惧任何困难。

这三句话也可以这样理解，知识会使你头脑保持清醒，真诚会使你内心无忧，践行会成为你走向成功的基石。

结尾的话，讲的是凡事有先后，不可乱序。最重要的是做好当下，进而推广到人生的每个关键环节，唯有此，人生目标方可实现。

儿子，每次的外出都是历练，每次的学习都是成长。五一劳动节就要到了，你仍在勤奋学习，在此，老爸祝你学有所长，节日快乐！

2018 年 4 月 28 日

第
36
封
信

成人礼前话成长

儿子：

　　成人礼就要举行了，爸爸在上次的信中就成人礼感言给你写了点东西，此刻爸爸还想就你的个人成长再说上几句。

　　成人礼的举行可以说是一种仪式，意味着从今往后，从法律上来讲，你们已经成为"具有完全民事行为能力人"了。也就是说，从今往后，你们将对自己的行为承担起完全的责任，同时也意味着以后遇到什么事情，你们都应该自己担当。

　　时光荏苒，不知不觉，你已长大，但你儿时的一些场景仍历历在目。爸爸仍能记起，每次周末回到家，你喊着"爸爸"奔跑过来的样子；爸爸仍能记起，每次我离开家，在你稚嫩的脸颊上吻别的情形；爸爸仍能记起，你读小学时，暮色下，你在学校门口等待家人出现时孤单瘦小的身影；爸爸仍能记起，暑假我们一家人出去旅游时你欢快奔跑的样子；爸爸仍能记起，每次你取得好成绩，把奖状拿回家时兴高采烈的样子……

对你而言，童年是美好的，因为我们从没有给你增添过任何负担——不给你安排辅导班，不额外增加作业，直到升入初中，你都过得无忧无虑。但是因为爸妈工作太忙，总不能及时接送你，让你很少有机会感受父母怀抱的温暖。童年的那一段段快乐和不易的日子，都犹如潺潺溪水淌进了你的生命，又深深地流进了你的血液。我想这也是你成长过程中的一份积淀和财富吧！

儿子，三年的高中时光已经过去了三分之二，你们在忘我的拼搏中度过了每一天。当你沉浸于这种忘我的情绪时，就常常会忽视时光的存在。

爸爸初次感受到你的成长，是在你初中毕业后。我们认为你还小，高中不想让你去住校，但你在这件事上表现出的坚定，让爸爸感觉你开始有主见了，已经长大了。

高一暑假，你去北京参加培训，爸爸送你去车站，你拖着行李箱头也不回地踏上了列车。看着你的背影，爸爸突然感觉到，你真的渐渐长大成人了。这一切何尝不是岁月的积淀和时光的洗礼呢？

儿子，你即将直面人生中最美好的季节——青春。青春是人一生中最美好的阶段，也是最需要付出努力的阶段。以后你将担负起更重的担子，也将开启属于你自己的人生，你还将经历人生路上的跌跌撞撞，你也将尝尽人间的千般滋味，这就是成长。

爸爸希望你人到中年，再回望自己的青春岁月时，是热泪盈眶的。

这热泪应该是努力、刻苦、有所收获的感慨之泪，而非是懒散、颓废、一事无成的悔恨之泪。

青春已来，时不我待，唯有奋进，才不负韶华。

2018 年 5 月 6 日

践行初心

儿子：

　　见字如面。

　　昨晚我在网上查到了你这次的期中考试成绩有所下滑。离高二结束还有两个月的时间，我回想了一下你上高二时制定的目标，发现到现在没有任何进展，尤其是语文这一门，这让爸爸有些着急。

　　爸爸知道你很累，但爸爸又何尝轻松呢？每当爸爸疲惫不堪时，再想起你的劳累，我就会想，人生如此拼搏到底为了什么？拼尽全力之后又会怎样呢？这是不是我们当初所想、所要的？现在的方向和我们当初的选择是否还保持一致？

而对上述疑问的最好解答便是"不忘初心"。今天爸爸就和你谈一下这个话题。

"不忘初心，方得始终"，出自《华严经》。这是我们经常说的一句话，但对其本意的理解，则因人而异。

可以这样说，启程时，初心是初衷，是初愿，是原点，是目标；我们归来时，初心是宗旨，是灵魂，是方向，是归宿。在经历过人世间的磨难后，身归来，心亦合。

儿子，无论是求学还是工作，若想有所突破，信念的力量非但不可少，还应该始终留在心中。有了它，我们方可以此为依靠，以此为支撑，去克服诸多困难，然后离目标越来越近。

看到你的语文成绩总是提不上去，爸爸心急如焚。当然我也知道，语文成绩的提升是需要积累的，想在短时间内获得大幅度提高，也是不现实的。但是，爸爸以为，你的成绩在历经多次考试后仍是这样，这就说明你在语文上肯定是有知识死角的，它们就是你每次考试都无法逾越的难点。同时这也说明，直到现在你仍没有找到突破它的办法。

在此，爸爸想和你探讨一下我们律师解决疑难案件的方法，可能对你解决语文中所存在的问题有所帮助。我们现在碰到疑难案件时，常常采用倒推方式去寻求解决之道。也就是说，会采取本末倒置的方式，把这个案件的难点进行拆解，最终得出结果再以此结果为原点进行回推。

举个例子：我们有一个案件，经过梳理发现，只有五个点同时具备才能有一个好的结果，那我们先找第五个点 E，然后再思考，如想达到 E，需要先有 D，如想达到 D，需要先有 C……以此类推，最后找到原点 A。在这五个点中，显然 E 是最难的，但也是离结果最近的。而 A 是离结果最远的，也是最容易达到的，这就是倒推法。寻找到路径后，在具体操作时，则会按照从简到难的顺序来进行。先从 A 开始，慢慢去克服，直到最后的 E。

工作和学习所运用的方法是殊途同归的。等你下周回来后，我们要静下心来一起进行分析、研究，力争找出问题所在，把相应的问题进行拆解，争取找到解决的办法。

爸爸始终认为，凡事皆有路径可达，如没达到，原因有三：一是没有用心，压根不想解决；二是解决路径不对，如果方向错了，再努力也是徒劳；三是已经丧失了信心，感觉以自己的能力根本无法达到。此三者皆出自内心，可谓无心、错心、失心。

儿子，爸爸相信你的能力，也知道你的艰难。现在的你们就像攀登珠峰，当你登到七千米以上时，每进一步，都需要拼尽全力。而此时，你拼的不仅仅是体力，还有登山的技巧和坚定的信念。

最后，爸爸想送你一句话。无论碰到什么困难，一定要牢记初心、守望初心、践行初心。唯有此，才能善始善终，终达极致！

2018 年 5 月 13 日

第
38
封
信

关于信念

儿子：

见字如面。

上次和你谈了如何提高语文成绩的问题，并且简单地阐述了解决的方法。回头细想，你语文成绩始终无法提高的真正原因是什么？爸爸认为，归根结底还是你的心态问题。我感觉，直到现在你仍没有下定决心去解决该疑难问题，更没有树立解决该问题的信心。我相信，人只要心怀坚定之心，并且相信自己有能力去克服困难，那就肯定能解决问题。今天我们就谈一下关于信念的话题。

昨天，爸爸看了一篇文章，讲的是"吸引定律"，大概意思是，你相信什么，就会发生什么。对此，爸爸认为还可理解为"心想事成"。只有想，才可能成。如果连想的意念和勇气都没有，怎么会成功呢？

在现实中，人的心念（思想）总是与现实相互吸引。而这就要求你心里一定要时常想着你的目标，并且一定要沿着自己规划的道路前行，丝毫不得懈怠。当你努力到极致，奋斗到精疲力竭时，蓦然便会发现，原来自己所要的东西就在眼前！因此，该定律的落脚点便可归结为一句话——控制心念是人生命运修为的基本思路。

吸引定律如更进一层，便可升级为"深信定律"，其大致意思是，假如你对一件事深信不疑，不论这件事是好是坏，往往就会发生在自己身上。听起来很玄妙，其实这两个定律就告诉了我们两个字——信念。信念的力量是巨大的，并且你要深信，努力终有回报，不是没有回报，只是时候不到。

儿子，你要坚信自己能够克服薄弱学科的难点，要做到天天想它、日日练它。不必想结果，只要功夫下足了，柳暗花明的时刻便会来到。

中国有句古语："尽人事，听天命。"所谓的"尽人事"，可以理解为你今天受的苦、吃的亏、担的责、扛的罪、忍的痛，到最后终将变成光，照亮你心所指的方向。而天命又是什么呢？它指的不是一切早就预设好了，而是明明有万千种可能，却偏偏发生了心中坚信的那一种。

作为一个渴望成功的人，你只需做到"尽人事"。在成长和奋斗的人生道路上，"尽人事，听天命"可以说是世间最大的从容了。

在西方也有一句异曲同工的谚语："上帝只掌握一半。"对它的解读应该是这样的：你如果想获得成功的人生，就必须先用自己的努力去获取一半的成功。只有你努力了，做好了自己分内的事，上帝才会把它掌握的那一半，毫不吝啬地给你，这时你就拥有了一个完整的人生。

只要心中的梦醒了，脚下的路正了，上天定能给你一个惬意完美的人生。

2018 年 5 月 17 日

第
39
封
信

关于早恋

儿子：

见字如面。

上周爸爸参加了你们的成人礼，现场爸爸的眼睛几度湿润。看着你们那逐渐摆脱青涩的脸庞，爸爸脑子里浮现的都是你自孩童到成人的点滴画面。你们即将进入一生中最绚烂的季节，这个季节是那么美好，青春激扬，心怀梦想。

在人生最美季节的开始，还会有一朵美丽的花在心中绽放，那就是"爱恋"。爸爸并没有把它称之为"爱情"，是因为我认为真正的爱情并不是你们这个年龄所能理解的。爱情应该是感情在经过积淀后形成的两个人内心的一种交融。而你们当下对异性的这种情感只能称之为"好感"或"喜欢"，人们一般把这种短暂的、懵懂的内心骚动称之为"早恋"，它就像春天挂在枝头上的青苹果，好看但苦涩，在枝头上短暂停留后便会掉落。而正常的爱情则像秋后的果实，外表圆润，色彩绚烂，瓤甘味美。

爸爸认为，即使恋爱，也应该等到了大学时期。真正的爱情需要正常的成长，它和自然事物一样，不仅要经过风雨吹打，更需要精心培育，然后耐心等到收获的季节，最终就能瓜熟蒂落、水到渠成。

有人按照年龄将人的感情划分为四个阶段，并对各个阶段感情的特点进行了描述：年少时对于感情的认知是好奇，青年时对于感情的认知是外貌，中年时对于感情的认知是相知，而老年时对于感情的认知是奋不顾身。

还有一种对于伴侣的说法是：伴侣是你终生的朋友。人生的恋爱需要经历三个阶段：恋爱的初级阶段是外貌，中级阶段是相知，最高的阶段则是灵魂的统一。

上面两种说法所阐释的道理是相通的，它们都将"心相知，魂相系"定义为爱情的制高点。而这种至高情感的塑造，需要共同历经岁月的磨砺以及内心世界的相通、相融。

说了那么多，爸爸只想表达一种想法，现在你们这种"喜欢"和"好感"大多不会有什么结果，也许会成为你理想的羁绊。

关于如何找到真正的爱情，有一个"柏拉图摘麦穗"的故事，爸爸把它进行了修改，以表达我的看法。

有一天，柏拉图问苏格拉底："怎样才能找到真正的爱情？"

苏格拉底没有回答他，而是说："我请你穿越这片稻田，去摘一株最大最金黄的稻穗回来。但是有个规则，你不能走回头路，而且你只能摘一次，并且要走到麦田的尽头。"

于是柏拉图去做了。许久之后，他拿着一株稻穗回来了。苏格拉底问他："这是这片稻田中最好的稻穗吗？"柏拉图说道："不是，我进入稻田后，看到自认为不错的稻穗便摘下来了，但是往后走，又发现了很多更灿烂的稻穗。"

苏格拉底告诉他找到符合自己心意的稻穗的方法："在采摘之前，你把这片稻田先分为三部分。第一个三分之一，只看不摘；第二个三分之一，根据你对第一个三分之一的观察和判断，果断下手；第三个三分之一，拿着你选择的稻穗和剩余稻田的稻穗进行对比以验证你的选择。此时，你会发现你的选择并没有错。"

这也是选择爱情最好的办法。人生如走过的稻田，没有回头路，完美的人生应做好规划。把你的人生划分成几个阶段，做好各个阶段里最重要的事，边走边思考，边思考边观察，边观察边选择，你的人生道路便不会走错。

高中彼此有好感的两个人大多都会错过，对此我们不应心存遗憾。有句话说得好，"有些错过是为了更好的相逢，有缘下个路口见，无缘两个人不再相欠"。如若两心相通，兜兜转转之后，你们定会相逢在人生的十字路口。

儿子，当你有所经历，并能达到体（身体）、心（心境）、能（能力）相统一的时候，你才能看清爱情真正的模样。真正的爱情是由共同的理想和愿景作为支撑，通过心与心的深度交流，最后达到心与灵魂的统一。

儿子，我们一定要对美好的事物心怀憧憬，因为这是我们不断前行的力量。更应该做到"身心兼修"，因为它是使你的憧憬变为现实的基础。

2018 年 5 月 25 日

享受孤独——面对自主招生

儿子：

见字如面。

本周爸爸没有回家，是想利用周末的时间把工作安排一下，等你6号放假时，可以挤出时间陪陪你。因为高考的缘故，你们能放三天假，这应该是你上高二后最奢侈的一次假期了，好好利用它。毕竟，离期末考试的时间越来越近了。

儿子，你的高中生活转眼已经过去两年了，明年此时，你也将走进高考的考场。也就是说，你在高中的日子开始倒计时了。时间在流逝，但时光在我们身后都留下了什么呢？

爸爸的脑海中经常会浮现出这些场景：每天清晨五点，伴随着闹钟的铃声，你们迷糊着跑向教室的样子；每天晚上 11 点伴随着天际的星辰，你们拖着疲惫的身躯匆匆走回宿舍的样子；每两周去接一次你，在校门口看到你走出校园时那欢愉的笑脸；每次送你走时，看着你拖着拉杆箱孤独离去的背影……时光就是在这种日复一日的枯燥、年复一年的孤独中度过的。

儿子，你们是拼搏的、奋进的，也是孤独的。我所讲的孤独，指的是一种心境，这种心境是指人在煎熬和蜕变中所承受的一种坚忍的状态。这种状态是静寂的、内煎的，是对一个人意志和内心的一种磨砺。

当你经历过高考这种磨炼后，你在以后的学习和生活中便拥有了一种修炼内心的力量，也成就了一种人生必备的能力，这个过程是孤独的。儿子，每一个有成就的人都经历过孤独。

你一定要做好规划，然后有条不紊、满怀自信地走完这段孤独之旅。爸爸会帮助你理清高考路上的问题和脉络，与你携手走过这段艰难时光。

另外，我最近关注自主招生较多，并对此进行了简单梳理，希望对你有所帮助。主要有三点：

第一点，无论是夏令营还是其他培训，成绩都是硬件。

一定要清楚自己在学习中遇到了哪些问题，然后再具体到学科，及时做好偏科处理，重要的事情再说一遍：每次期末成绩至关重要，会考都得是 A。这是能够参加自主招生最重要的前提条件。

第二点，单科奥赛和培训很重要。

成绩的另一主要元素，单科奥赛考试和培训必须积极参加，学校组织的各种比赛也要积极参加。很多时候，这种比赛也能起到一定的作用。单点突破很重要，要重视单科成绩，找出弱点，及时补足。

第三点，思想不能跑偏。

不能因为自主招生而忽略基本的学习，这样舍本逐末的做法会让你得不偿失。

儿子，高中三年可以说是凤凰涅槃、蚕蛹化蝶的过程，这是你人生必须经历的第一次蜕变。它注定是清苦的、孤寂的，但它又何尝不是人生的一笔财富呢？

2018 年 6 月 2 日夜

第
41
封
信

爱情的样子

儿子：

见字如面。

这应该是一封迟到的信，此时也不想让你看到。我认为，这封信最适合你看的时间，应该是到了恋爱的年龄，对自己的恋爱观感到迷茫时，那时的你更能深刻地体会到这封信的真正意思。

爱情是我们不可回避的话题，因为它是人生中不可或缺的重要组成部分。因此，它也成了古今中外伟大作品中必不可少的主题。

儿子，爸爸跟你谈这一点，是希望你的人生拥有完整的幸福，拥有真正绚烂的人生。有句话说得有道理，"幸福就是白天你做着自己喜欢的事，晚上守着自己喜欢的人"。但这句话只是对美好人生做了简单的诠释，它并没有进行深层次的挖掘。

从古到今，描述美好爱情的语句数不胜数，信口便能拈来几个。比如，青梅竹马、两小无猜、情投意合、相知相惜等，这些词语是对良好感情基点的阐述，表达的意思无非就是性情相投、内心相知。

仅有这些便能找到爱情、获得幸福吗？答案肯定是不能。当下的社会对人各方面的要求都有所提高，现在经常说的一句话，"学习将成为人一生的功课"，学习的内容当然也应该包括如何获得完美的爱情。

即使是青梅竹马，如果分开的时间久了，走了不同的路，思想不能同进，也会渐行渐远；即使你们两小无猜，那也只是记住了彼此儿时的模样；若想情投意合，还需两情相融，两意相通；之所以相知相惜，是因为知彼如己，不得不惜。

爸爸认为，爱情并非是两个人的事，而应该是整个社会的事情，它和社会的发展是同步的，可以说各个时代对于爱情的含义都有着不同的诠释。我眼中的爱情是什么呢？

爸爸把它的内涵分为了三层：

第一层，真正的爱情是"遇见你，遇见爱情，遇见自己"。

你想象的他（她）的样子，应该是你在经历十余载的努力修为后"你"的模样。人是独立的，各有自己的阅历和性情，不能因为取悦他人而失去自我。一段感情最好的方式，是因为对方而成为更好的自己。这就需要双方求同存异、相互吸引，彼此都要努力成为更喜欢的那个在他（她）身边的"我自己"，而不是为了迎合他（她）而活成另一个"自己"。

第二层，真正的爱情应该是榫和卯结合后完美的样子。

凸者为榫，凹者为卯。榫卯的智慧可以说是中国古代建筑、家具以及其他器械的结构灵魂。

有人曾感叹，世间还有这样的一种魔力？从第一次紧密结合，不再分开，到双方越来越紧密，牢不可破。之所以有此奇迹，那是因为彼此的适合，彼此的默契，双方都依恋彼此结合后完美的样子，难道这不是爱情的真谛吗？

第三层，真正的爱情需要时间的沉淀和人自我修成后的回归。

王国维的人生三种境界广为人知，而爱情的追寻之路又何尝不是如此呢？

"昨夜西风凋碧树。独上高楼，望尽天涯路。"这是"寻"的一个过程，需上得高楼，极目远望，直到尽头。

"衣带渐宽终不悔，为伊消得人憔悴。"这是"修"的一个过程，需竭尽全力，努力修成你想成为的样子。

"众里寻他千百度，蓦然回首，那人却在灯火阑珊处。"这是"得"的一个过程。在有所经历、有所成长之后，你不必渴求，也不必寻觅，你想要的爱情就在那里静静地等你。

儿子，爱情不是追来的，更不是求来的，是你修来的。你只要认真地完成自我修为，那另一个"自己"将会沿着你绚烂的灵光踏风而来。正所谓：你若盛开，蝴蝶自来。

这是爸爸对爱情的理解。

2018 年 6 月 3 日

从往年的作文题说高考作文

儿子：

见字如面。

"漫长的假期"结束了，你又返校了。你在家待了三天，爸爸仅陪了你一天。我们聊了很多，关于自主招生、关于会考、关于高考的走势，当然还提到了高考作文。当谈到高考作文时，你总感觉有点迷茫和不知所措。爸爸认为你之所以有这种感觉，是因为你的思路还没有打开，你的写作思路还没有提升到一个相对的高度，爸爸就这两年的高考作文和你探讨一下，主要是想和你交流一下关于写作思路的问题。

看到今年的作文题目，我的总体感觉是，和去年的题目有异曲同工之妙，两者都是想通过一系列的事件来展现国家的发展，然后，让考生谈感受。为了便于对比和分析，爸爸把这两年的作文题目摘抄下来了。

2017 年高考全国卷 I：

根据近期一项对来华留学生的调查，他们较为关注的"中国关键词"有：一带一路、大熊猫、广场舞、中华美食、长城、共享单车、京剧、空气污染、美丽乡村、食品安全、高铁、移动支付。

请从中选择两三个关键词来呈现你所认识的中国，写一篇文章帮助外国青年读懂中国。要求选好关键词，使之形成有机的关联。

2018 年高考全国卷 I：时光瓶留给 2035 年的 18 岁青年。

2000 年：人类迈进新千年，中国千万"世纪宝宝"出生。

2008 年：汶川大地震；北京奥运会。

2013 年："天宫一号"首次太空授课；公路"村村通"接近完成；"精准扶贫"开始推动。

2017 年：网民规模达 7.72 亿，互联网普及率超全球平均水平。

2018 年："世纪宝宝"一代长大成人。

……

2020 年：全面建成小康社会。

2035 年：基本实现社会主义现代化。

一代人有一代人的际遇和机缘、使命和挑战。你们与新世纪的中国一路同行、成长，和新时代的中国一起追梦、圆梦。以上材料触发了你怎样的联想和思考？请据此写一篇文章，想象它装进"时光瓶"留待 2035 年开启，给那时 18 岁的一代人阅读。

但这两年作文的要求也有不同点，主要是：2017 年是以事件为轴进行的罗列，2018 年是以时间为轴进行的排列。还有，两者都有一个要求，

2017 年是将感悟说给外国青年，是横向的对比；2018 年是将感悟留给 2035 年的 18 岁青年，这是以时间为序进行的纵向对比。

我们分析一下，这两个题目应如何来写？

首先，要对作文的题目和要求进行分析，以便理清写作思路，完成写作大纲，我想，这些你们老师应该都给你们讲了。

我们先看 2017 年的作文。分析题目要求的几个点：

关键点是"中国关键词"；目的是呈现你所认识的中国，帮助外国青年读懂中国；要求是选好关键词，使之形成有机的关联。

我们再看关键词，对它们进行分类。

爸爸认为可分成如下几类（当然还可以再分）：

1. 展现历史的，京剧、"一带一路"、长城；

2. 展现中国独有的，大熊猫、广场舞、中华美食；

3. 展现当下中国现象的，共享单车、广场舞、移动支付；

4. 有关当下问题和发展的，空气污染、食品安全、美丽乡村；

5. 展现中国发展的，移动支付、高铁、共享单车。

完成分类之后，根据要求，需要做的第二步是找出他们之间的连接点，以第一组为例：京剧是国粹，代表中国的传统文化；长城是世界的遗迹，代表中国的历史；"一带一路"是国策，可以联想到历史上的丝绸之路，展现中国的发展及大国地位。

爸爸认为，整个作文的脉络就是，以中国的文化和历史为线索，联系到现在中国的强大和发展。

主题就是：文化为根，历史为魂，发展为要。

文章基点就是：探析文化，回顾历史，展望未来（且突出现在的发展是以历史为基础的）。

我们再看 2018 年的作文。

它以时间为顺序，列举了几件事。爸爸认为可以分为两个阶段。第一个阶段是第一个十八年：从 2000 年到 2018 年。

重大事件有汶川大地震，北京奥运会，"天宫一号"首次太空授课，公路"村村通"接近完成，"精准扶贫"开始推动，网民规模达 7.72 亿，互联网普及率超全球平均水平。

第二个阶段是第二个十八年：从 2018 年到 2035 年。

目标是 2020 年全面建成小康社会，2035 年基本实现社会主义现代化。

你要站在你们的角度去写，因此，第一个十八年所描述的事件作为现在高三学生来讲只能是见证者，只能写你对于上述大事的感受。

比如，汶川大地震时，你感受到的是中国人民在灾难面前所展现出来的坚强和团结；北京奥运会时，体育的强大从另外一个层面展现了中国的实力；"天宫一号"首次太空授课，中国科技的飞速发展，这是国家发展的基石；公路"村村通"接近完成，国家基础设施建设，更加惠及于民；"精准扶贫"开始推动，百姓富裕、人民幸福是国家发展之根本目的；网民规模达 7.72 亿，互联网普及率超全球平均水平，不但是科技的发展，更是国家舆论开放、民主精神的体现。

而对于第二个十八年，你们应该是国家建设的参与者，但现在你只能是展望者，只能是站在现在的基点去畅想中国梦。

这样，文章的思路和大纲就出来了。

文章主题：作为见证者回顾过往，作为践行者对未来展望，表现出实现中国梦的信心和力量。

文章基点：当 2035 年的 18 岁青年看到这封信时，你信中所展示的美好愿景已经实现。

文末的点题：2035 年的青年作为新的一代，应该有更大的历史使命和责任。

儿子，爸爸这样分析，不知你是否能够对文章的写作产生新的感悟。其实当下的作文题目，大概可以分为两大类：一类是大格局，比如这两年的全国卷还有北京卷，基本都是这种题材；一类是小点睛，通过一件事情或一段话，让你有所悟，然后说出你的真实感受。

无论是哪一类作文，要想写得好，对于题目的理解以及作文脉络的清晰，都是有很高要求的。

2018 年 6 月 9 日

第
43
封
信

世界杯感怀

儿子：

见字如面。

当下，你正在学校里积极准备六科会考和期末考试。我们之前交流过，这两项考试对你来讲都很重要，一定要全力以赴。最近，世界杯激战正酣，你现在虽然没有眼福看，以后会有机会的。爸爸闲暇时看几场关键的比赛，虽然看得不多，但世界杯给我带来的感触还是颇多的。在此做了一些简单的记录，希望对你有所裨益。

感怀之一：世界上没有永远的强者，任何时候都要保持一颗谦卑、奋进的心。

纵观世界杯历史，足球强国好像就这么几个，德国、巴西、阿根廷、意大利、荷兰、西班牙和法国。但是，当我们看本届世界杯上诸多强队的表现时，感觉却是那么虚幻。意大利队、荷兰队没有进入决赛圈；德国队第一场即败给墨西哥队；阿根廷队败得更惨，零比三输给了克罗地亚队，形势岌岌可危；巴西队打得也是战战兢兢。

俗话讲，"瘦死的骆驼比马大"。虽然是骆驼，但如果非常瘦弱，即使再大也毫无生机可言，这种大又有何意义呢？德国队和阿根廷队就如同这样的骆驼，踢得毫无活力，一点激情也没有。反观墨西哥队和冰岛队，他们都拼尽全力，在赛场上如疾驰的骏马，其意志力和拼搏精神令人叹服。在此情况下，出现这样的结果就不奇怪了。

因此，不要说自己天资聪慧，也不要讲自己曾经辉煌，一切都已翻页，一切皆是背影，唯有意志力和拼搏精神才可称之为永恒。

感怀之二：团队力量大于个人能力。

阿根廷球员的个人水平都很高，但是再高，也只是个体，如果不能糅合在一起，也只能是一盘散沙。冰岛球员虽然每个人都名不见经传，但球员之间配合得好，能够形成合力，并且各司其职，团结协作，也能拥有强大的力量。

一花独放不是春，百花齐放春满园。个人只有在团队中才会成长得更快，只有在你追我赶中才能走得更远。爸爸曾经和你说过，团队里有竞争没什么可怕的，唯有在竞争中才能促使自己迅速成长。

"尺有所短，寸有所长"，学习他人之长，并从他人身上汲取养分，才能使自己不断变强。在自身的能力范围内，尽力去帮助他人，也是提高自己能力的好办法。

感怀之三：执行力远大于技巧。

冰岛，作为一个弹丸小国，能杀进世界杯已实属不易，能逼平上届亚军，更是一种奇迹。那场球爸爸看了，发现冰岛队能够赢得本场比赛的原因，归根结底是因为他们拥有强大的执行力。冰岛队知道自己无法和亚军对抗，便制定了防守的战术，并且坚决执行到底，直到比赛结束，冰岛队的队形也没有散。这体现了什么？不仅是顽强的意志力，更是坚决的执行力。

"结硬寨，打呆仗"是曾国藩的取胜之道。意志力意味着坚持，执行力意味着掌握住自己的节奏，不被他人所干扰，坚持自我，毫不动摇。

儿子，学习也是一样，要坚持自己的节奏，严格根据制订的计划稳步推进，不打折扣地执行和坚持，直到终场哨音吹响，你才能成为胜者。

感怀之四：强大的心理定力是制胜之本。

在阿根廷队和冰岛队的比赛中，阿根廷队获得了一次点球机会，结果梅西将球踢飞。世界巨星踢飞点球，这说明了什么？即便你球技再高，如果心理素质不过硬，那也无法获胜。因此在某些时候，提高心理素质比提升技术更重要。

儿子，对于你来讲也一样，即使平时成绩再好，当面临高考时，如果压力过大、心神不安，也不会考出好成绩。这样的悲剧每年都有发生，我们以前也探讨过这个问题。因此，临门一脚，考验的不仅是技术，还有心理素质。

儿子，明年你将迎来你的"世界杯"，在不到一年的时间里，需要积蓄的不仅仅是知识，还有意志力、执行力和一颗谦卑、奋进的心。

2018 年 6 月 23 日

第
44
封
信

爱的真谛

年终班会上的发言

家长朋友们，大家下午好：

因工作的缘故，我总是在各地出差。在工作间隙，经常听朋友们讲："你写的信我都转给孩子了。"在交流中，我也能深刻感受到家长们对孩子成长的焦虑和无助。其实，哪位家长不是在竭尽所能地关注孩子的成长？哪位家长不是在全身心地爱着自己的孩子？如何引导、教育孩子走上健康成长之路，是家长朋友们都要面对和思考的问题，当然也包括我。对此，我只想谈谈自己的一点看法，在此和大家一起分享探讨。

今天，我想和大家交流的是，何谓有意义的爱？

对于孩子的爱，我把它分成三个层面。

第一个层面，关于爱的方式

我曾在另一封信中给孩子谈到，作为家长，我们应该给予孩子两项资本，一个是经济资本，另一个是文化资本。经济资本是基础，是保障；而文化资本是核心，是升华。

我们很多家长关注的往往是第一项，主要表现为，在经济资本上无限制地满足孩子；而在文化资本方面，却给得很少，对于孩子的精神层面和内心建设，没有给予充分的关注和引导。长此以往，孩子的内心世界必将是空洞的、贫瘠的。而在当今社会竞争如此激烈的情形下，这种做法很容易导致孩子们丧失自我、迷失方向。而文化资本，则包括了孩子良好习惯的培养以及人生观、价值观的建立等，这才是保障孩子健康发展的前提。

因此，作为家长，应该更多地去关注孩子的内心世界，帮助孩子树立面对困难时的信心和勇气，帮助孩子塑造健全的人格。

第二个层面，关于爱的能力

前段时间看到一个段子：关于现在孩子学习的，在小学阶段，家长可以从孩子的作文、数学、英语以及手工制作等各方面提供全方位的指导；当孩子上了初中，有一定文化水平的家长，还可以通过翻书、查资料，绞尽脑汁给予孩子一定的指导；而到了高中阶段，很多家长能够做的，也许只能是做饭、接送等简单供养之类的事情了。如果你是以这种方式来给孩子提供帮助的，终究有一天，你会变得无能为力。我们不可能陪伴孩子一生，孩子走得越远，你就会越力不从心，越鞭长莫及。

我认为正确的做法应该是：我们要让孩子们拥有自我学习的能力，进而发展成为他们自我成长的能力。

第三个层面，关于爱的本质

"楠风解意，静水深流"是我的一位微信好友，感觉此君肯定是一位内心沉静且善解人意之人。当我看到他的微信名，我的第一感觉是，这不就是对于爱最好的诠释吗？"理解他人，心思沉静，深度交流"，我认为这就是爱的本质。

有时候，懂一个人是最重要的。孩子在每一个阶段真正需要的是什么，我们用心思考过吗？孩子内心的焦虑是什么，我们认真探究过吗？我们给孩子提供的所谓帮助，真的是他们需要的吗？这是我们每一个家长都应该思考的问题。

有句话说得好，"陪伴是最长情的告白"，此处的陪伴指的是什么呢？我想肯定不是你和孩子天天见面，形影不离，更多的应该是心灵的陪伴。我们作为家长，应该认真解读孩子的内心世界，知晓孩子内心的焦虑，在和孩子完成深度沟通后做出有效的疏导，而不是不管不问，更不是横加指责。我认为，这才是对孩子真正的爱。

李嘉诚先生曾经说过："一个人事业上再大的成功也弥补不了教育子女失败的遗憾，不缺席孩子的成长，才是对孩子最好的爱。"

家长朋友们，流年飞逝，时不我待，对孩子的教育不能等、更不能拖，一旦错过，将遗憾终生。

2018 年 6 月 24 日

第
45
封
信

再谈世界杯

儿子：

见字如面。

今天和你继续聊一下世界杯。随着比赛进程的深入，竞争越来越残酷，有的球队为了出线而血拼，有的明知已经出局，却仍然要为荣誉而战。周日晚上（6月24日），德国队绝杀瑞典队，让我们看到了德意志队的意志。昨晚（6月27日），已经将命运掌握在自己手中的德国人，被为了荣誉而战的韩国队以 2∶0 的比分淘汰。虽然两场比赛都非常精彩，但给我带来更多的是深深的思考。

足球之所以能够成为世界上最受欢迎的体育项目之

一，能够让人如此痴迷，爸爸认为有如下原因：它是身体、技术、意志和细节的集中体现，并且它的比赛结果难以预测，这些都造就了这项运动本身的神奇魅力。因此，在足球运动中，只有将思想和身体融为一体，才能成为强队，意志坚定者才配拥有最后的胜利。此之谓，身体素质为之本，技术战略为之法，细节掌控为之王，意志精神为之魂。

世界杯比赛的时间都是在夏天。在天气如此炎热、对抗如此激烈、竞争如此残酷的情况下，身体素质应该是第一要务。如果没有良好的身体，一切都将成为空谈。因此，身体素质是打赢比赛的基础。

足球技术战略到现在已经发展到了打无定法、各有所长的阶段，短平快是特点，稳高变也是本事，没有所谓的教科书，也没有固定的取胜之道，因此适合自己的，能够将自己的特点发挥得淋漓尽致的战术就是最好的战术。墨西哥队和德国队的那场比赛，墨西哥队之所以能够取胜，便是充分发挥了其技术娴熟、奔跑迅速的特点。因此，自己所具有的战略技术能否充分发挥作用便成了获取胜利的关键。

现在看足球比赛，很多人都有这样的感觉：你只需看下半场就行了。更有甚者，认为你只要看下半场的伤停补时就行了。为什么这样讲？因为上半场一般都踢得比较沉闷，直到下半场才可能会有进球，因此，精彩的场景一般都在下半场。到了下半场体力都消耗巨大，而这时双方拼的就是细节了，如果你出现疏忽，比如，注意力不集中，那将会给你带来灾难性的后果。在这个时候，细节往往就成为决定胜利的关键。

比赛进行到最后阶段，双方都已经精疲力竭了，如何坚持完成比赛、保持始终如一的节奏？这考验的不仅仅是身体，更是人的精神和意志。谁能坚持到最后，谁就可以笑到最后。在德国队和瑞典队比赛的最后 15 秒，克洛斯完成的绝杀充分体现了这一点。在这个时候意志力便成了能否获得最终胜利的关键因素。

这次德国队的表现，让我想到了中国女排。在里约热内卢的奥运会赛场，中国女排小组赛输了三场，最终竟夺得金牌，靠的不仅是技术和经验，更是钢铁般的意志。就像郎平教练说的：我们是最弱的，不想别的，只想一场一场去拼。这也印证了一句话：你的技术可能不如别人，但你的信心和意志力可以弥补一切。

儿子，明年你将迎来你的"世界杯"，在此，爸爸叮嘱你几句话。

身体是一切之本。因此，保持良好的身体状态是第一要务。

方法是取胜之道。因此，坚持自我，取长补短，你在学习上会更加游刃有余。

细节是高分之根。因此，认真严苛，谨小慎微，你会永远立于潮头。

意志是成功之魂。因此，勇于克难，坚定信心，你终将是笑到最后的那个人。

2018 年 6 月 28 日

高三学习之要义

儿子：

见字如面。

在紧张的出差之余，爸爸好不容易有了一天的空闲时间，便趁着今天充裕的时间，连着给你写了两封信。

本周你也将放假。细细算来，你已经有月余没回家了，这次返校后的放假便延续到期末考试了。期末考试后，你将去临沂、泰安进行为期 40 天的数学培训，那下次见面不知又要等到何时了，所以爸爸格外珍惜我们每一次见面的机会。

对于你高三的学习和生活，我主要想从大方向的掌控以及小细节的规划这两个方面和你进行交流。其中有些话在以前的信件中已经有所阐述，此处只提及一下略微带过。

现在，虽然高二尚未结束，但事实上留给你们的时间已经不满一年了。在如此紧促的时间里，如何使自己的学习更有针对性？如何使自己学习的效率更高？如何缓解自我的压力？如何释放自己的负面情绪？这些都是需要你认真思考的问题。

针对高三的学习，爸爸想从三个方面和你聊一下。

第一，关于作息时间和学习节奏。

爸爸多次和你说过，身体是第一要务。"磨刀不误砍柴工"，目前学校制定的作息表已将你们的时间安排到了极致。因此，你不需要再额外增加学习时间，对于非常宝贵的休息时间，你要加倍珍惜，要去跑步和放松，要处理好学习、休息、锻炼三者之间的关系。如将这么珍贵的时间用在学习上，是舍本逐末。所以，做好时间管理，保持自己的节奏，此为第一要务。

同时要保持好自己的学习节奏。坚持自我、完善自我，不跟风，不盲从，不受外界干扰，不轻易改变自己已成型的东西。高中是场马拉松，比的不仅仅是速度，更是坚持的力量和意志力的比拼，整个三年都应该根据自己的体能情况做好规划，并按照自己的节奏去跑。那么，不急不躁，按部就班，心如止水，动静自如，此为第二要务。

最后是时间与效率。在时间已经无法增加的情况下，如何保证学习的效果、如何提高单位时间内的学习效率是必须要认真思考的问题。爸爸认为坚持深度思考是提高学习效率最有效的方法，我曾经给你写过一封信，"深度思考比勤奋更重要"，其中之要义在此不再赘述。

我听到很多关于"刷题"的说法，绝大多数高中生都有过类似痛苦的经历。刷题的弊端在此不再多说，但对于深度思考我再强调一下，所谓的深度思考，实际上是追寻事物的本源，理清事物的来龙去脉，这是解决问题的根本方法。如能学会此道，则能以不变应万变，任题目如何变化，都能够寻得其本源，如此，也抛却了刷题之苦。所以，细致思考，追根溯源，此为第三要务。

第二，知识体系建立后的补充和连接。

爸爸曾给你讲过有关知识体系如何建立的问题，相信你已经具有了这种能力。在整个高三阶段，爸爸认为，一切的学习都应该围绕这棵知识树来进行。它可分四个阶段来完成。第一个阶段是在高三的初期，你的任务应该是将各科的知识树建立起来，迅速完成基本框架的搭建；第二个阶段是对知识树进行填充和有效连接；第三个阶段是找出知识树的枝干（学科重点），进行强化训练；第四个阶段是关注难点和细节，力求最终的完美。

人们常说的"将错题本子翻烂"就是在向完美冲刺。知识树建设得是否坚固和细枝末节是否完美，将直接影响你最终的成绩。建设知识树，完善知识树，此为第四要务。

第三，对自己要有清醒的认知，分清长短，力求完美。

每个人都有自己的特点，都有自己的能力圈，在短时间内要想扩大这个圈是很难的。如何做才能最大化地提高能力呢？这需要你对自己的优缺点有一个全面细致的分析，你必须要弄清楚，你的优势在哪里，你的劣势在哪里。你所有的提高都应在自己的能力范围内完成。

如想实现切实的提高，就需要做两方面的分析。一方面是对自己的性格特点进行分析，是认真踏实型的还是投机取巧型的。如果是后者，则不仅仅要对体系树的枝干进行建设，对于枝叶末节的细微之处也要实现全面把控。另一方面就是对自己的学科情况进行分析。哪门学科是自己擅长的，看看这门学科的成绩还有无提升空间。哪门科目是薄弱的，能否克服短板继续提升。对于优势科目，要发挥到极致，要做到最优。对于劣势科目，要尽量弥补，争取有所增长。这样，你的总成绩才会得到实质性的提高。认清自己的能力边界，保障单科优势，争取扩大战果。此为第五要务。

儿子，高三已来，这一年在你的人生中必然是艰辛、难忘的一年，也必定是浓墨重彩、奠定你人生基石的一年。

爸爸相信，你已经做好了规划和准备，定会满怀信心迎接高考，顺利取得优异的成绩。

2018 年 6 月 28 日

第
47
封
信

男人的血性

儿子：

见字如面。

因为 7 月 18 日你要去参加北大的夏令营，便没有去临沂参加数学奥赛培训，如此得以在家有三天的修整时间。又恰逢周末，难得我们有两天时间可以聚在一起。

你们班有很多同学在期末考试结束的当天便踏上了奥赛培训的征途。因此，在开家长会时，便出现了只见家长不见学生的景象。这也意味着，今年暑假你们将更加忙碌、更加紧张，而奋斗的终极目标都是为了明年有个好结果。

开班会时，班主任专门拿出你的数学试卷作为纠错的范本来讲，并指出了你目前存在的问题。这说明，班主任对你的错误是看在眼里、急在心里的。爸爸也因此对你存在的问题有了更清晰的认识。

　　儿子，明天你即将北上，经此一别，再见时已到9月。临行前，爸爸想就你存在的问题再叮嘱几句。

　　第一，机会都是自己努力争取来的，唯有加倍努力，才会有更多的机会。

　　爸爸看到了你的进步和成长，两次作文大赛获奖，一次数学竞赛获奖，这些都是你拼搏的结果，而北大夏令营则是你两年努力结果的见证。努力是创造机会的源泉，机会绝不会辜负每一个拼搏奋进之人。因此，还需要不断的努力。唯有此，机会才会不断地来到身边。儿子，你要记住：正确的做事逻辑应该是，不因为看到好的结果才去努力，而是足够努力了才有获得好结果的资格。

　　第二，考试之所以存在压力，其根本原因是自己对知识的掌握还不够牢固。

　　爸爸深知你的不易，当下的高考拼的不仅仅是做题速度，还有准确率和意志力，现在老师对你们考试的要求是，不允许犯错，也不能留下任何犯错的机会。你也曾对我讲过，考到最后，已经拼尽全力，身体会出现虚脱的状况。连续两天的超强度考试，的确是一场令人难忘的经历。但是，爸爸认为，你之所以有压力，根本原因还是自己对知识掌握得不够牢固，对于某些知识的细枝末节因掌握不牢而心怀忐忑。

　　缓解压力最好的办法就是不断地给自己制造压力，然后克服它。如果想做到这一点，需要平时不停地进行练习。因此，你要把高三的每一场考试都当作高考去对待，时间久了，就能够锻造出"所谓的高考，只不过是我无数次考试中的一次而已"的心境。

　　第三，坚持自我、完善自我、超越自我是你高三一年必须要完成的蜕变之旅。

儿子，如果你想飞得更高，想要实现自我突破，坚持自我、完善自我、超越自我，就是你必须要经历的三个阶段。如果说坚持自我是根本，完善自我是经过，那超越自我则是蜕变。只有让自己变得越来越好，直到凤凰涅槃、浴火重生，世界才会为你的努力买单。

前晚，我们共同观看了世界杯决赛的直播，虽然法国队赢得了比赛，但给我们印象更深的，却是克罗地亚队顽强的精神。当我们再次回顾克罗地亚队的决赛晋级之路时，你会深刻体会到斯拉夫男人身上所具有的血性。而这种血性正是他们不断战胜对手，一路蹒跚却能够不断前行的根本。

儿子，你要记住：前方路无论远近，行则将至。

2018 年 7 月 17 日

高三学习仍需强调的几个问题

儿子:

　　见字如面。

　　你在家待了短短三天,又踏上了征途,这个暑假于你而言必将是劳累的、奔波的。我相信,为了实现自己的目标,只要你心中明了,便不会觉得累。爸爸能体会你的辛劳和不易,但爸爸认为,这些经历对你来讲,不仅是一种辛苦,更是一种历练,它是你人生旅途中积攒的一笔财富。任何尝试,无论结果如何,都要勇敢去做。一定不能计较一城一地的得失,而应该更多地着眼于未来。

　　儿子,在前进的道路上,你走过的每一步都很重要。

你一定要相信，只有量变才会引发质变。无论什么样的考查方式，实力都是最重要的东西，一切绚丽的外表如烟花一般终将消散，真才实学才是一个人立足的根本。最后一年，时间弥足珍贵，无论你做什么，都应该坚定目标，计划周详，同时还要打好基础，雕琢细节，有错必纠。新的征程即将开启，在你踏上征途之际，针对以上几点，爸爸想再叮嘱你几句。

第一点：关于目标。

你一定要在明确终极目标的基础上，确定好阶段性的目标。比如：利用暑假的一个半月，对数学进行系统学习。此次学习不仅是为了奥赛，更是为了夯实基础知识，以便在高三节省出时间，实现其他薄弱科目的突破。

经过近半年的努力，你的语文取得了不小的进步，爸爸为你感到高兴。由此可见，集中一段时间来提高一门学科成绩的做法是可行的。而下一步的任务则是对英语实现突破，找出在英语学习中存在的难点，开学后再集中三个月的时间进行突破。暑假里参加数学培训的目标是简单且明晰的——完成知识体系的梳理工作，其次才是奥林匹克竞赛。

第二点：关于基础。

基础知识是在长期大量反复的练习中积累起来的，所以对待基础知识不能急功近利，要做好打持久战的思想准备。高考考查的不仅仅是难度，更多的是基础知识，基础知识应该占到题目的 50% 以上。因此，对于基础知识部分不能有丝毫懈怠，要牢固掌握，确保万无一失。打好基础要早入手、查缺补漏，必须在第一轮复习中基本解决，不要期待第二学期补救，基础知识掌握得是否牢固，能否做到滴水不漏，直接决定你最终成绩的好坏。

第三点：关于细节。

高考不仅考查基础知识，还考查你对细节的掌控能力。而这一点恰恰是你的薄弱环节，因此，一定要把细节的规范贯穿在整个复习和备考的过程中，要从每一次的测试抓起。对于会做的题目，一定要注意细节和步骤，会做而不能取得全部分数是万万要不得的。一个细小的失误便有可能改变你命运的走向。

第四点：关于纠错。

反思纠错是一个发现错误且不断改进的认知过程，只有对自己的失误和错误不断地进行反思和纠正，才能不断地进步。作为高三学生，必须要不断地进行反思和纠错。具体来说，不仅要有阶段性学习的学后反思，还要有小测试后的练后反思以及大考后的考后反思。不但要反思，而且要将每一次的错误予以纠正。因此，反思纠错本是很有必要的。

第五点：关于身心。

身心平衡是确保复习备考可持续的重要保证。所谓身心平衡，就是要学会张弛有度、劳逸结合。课上认真学习，课下彻底放松。始终保持饱满的精神和学习状态。对比，爸爸在以往的信函中也多次提到，此处不再赘述。

儿子，尚未开学，但高三已来。在以后的人生岁月中，当你每每回忆起自己的高中生活、特别是高三生活时，你能自豪地告诉别人：我的高中是无憾无悔的。有此足矣！

2018 年 7 月 22 日

回顾世界杯

儿子：

见字如面。

正值暑期，你仍然拼搏在学习的第一线，爸爸能回忆起你度过的最舒适的时光，便是世界杯冠军争夺战的那个周末之夜了。我相信，现在你仍能回想起那场令人激情澎湃的比赛。在闲暇之余，爸爸把看世界杯比赛的所思所想简单梳理一下，以期对你有所裨益。

心得之一：浪费时间，浪费机会，必遭惩罚。

阿根廷队和法国队的比赛可以说是一场技术、速度、经验和体能的较量，阿根廷队的优势是经验和技术，但球员年龄偏大。法国队的优势是速度和体能，球员普遍年轻，有冲劲。虽然阿根廷队的控球率很高，但大多是在自己的半场做无用功，并不能形成有效的进攻。结果，阿根廷队浪费了大量时间，却收效甚微。当法国队展开强力反击时，阿根廷队的大败也就成了一种必然。这场比赛带来的反思是：任何时候，都不能浪费时间，更不能浪费上天赐予的机会，如若浪费，必遭惩罚。

心得之二：唯有与时俱进、抱有谦卑之心才能持续前行。

德国队在小组赛中出局令人扼腕，毕竟德国"战车"在世界杯历史上的战绩是那样辉煌，德国"战车"的总战绩积分曾排名第二，夺冠次数排名第三——这还是在比巴西少参加两次比赛的情况下取得的。德国队历史上共参加世界杯17次，其中13次晋级四强(比巴西还多两次)，获得过4次冠军、4次亚军、4次季军和1次殿军的成绩。

带给我们的启示是：无论你的历史如何辉煌，如不能做到与时俱进，不能怀揣谦虚谨慎之心，也有可能被时代的车轮碾压。因此，我们应时刻心怀不骄不躁、谨慎谦卑之心，认真地度过高考之前的每一天，时刻保持"但行前路，莫问前程"的心态。

心得之三：心怀远方，无所畏惧，一切皆有可能。

韩国队和德国队之战，根本没人看好韩国队，在双方的交战史上，韩国队无一胜绩。在这样的情况下，韩国人表现出来的向上的精神和永不言败的决心令人侧目，最终他们创造了历史。充分说明，有些事情并没有你想象的那样难，创造历史的机会可能就在你的脚下。远方是什么？远方就是你目力所及之处，是你心之所想之处，是你脚力所达之处。

心得之四：不具有真正实力的人，不可能一直赢下去。

小组赛中，冰岛队1：1逼平阿根廷队，让人们惊呼"黑马"来了。虽然他们能冲进世界杯已经算是惊艳世界、实属不易了，但最终还是没能再进一步，无缘四强。所以，爸爸想说，在任何时候，实力都是你说话的唯一底气，偶然的一两次成功不能说明任何问题，只有始终处于领先地位，才是真正的强者。因此，我们不做"黑马"，只做踏踏实实、稳步前行的良驹。

心得之五：年轻、冲劲是取得佳绩的根本。

法国队非常年轻，大赛经验并不丰富，但是，他们的速度、他们的激情、他们舍我其谁的霸气让他们站在了世界之巅。这也说明，经验只能代表过去，冠军队并无统一的标准，通往冠军之路也并非只有一条。儿子，法国队的现状正如当下的你们，年轻，充满活力和激情，拥有奋力向前冲的勇气。这才是赢得冠军之保障，抵达巅峰之基础。

明年是你的"世界杯之年"；明年的夏天，你将踏进高考的考场。爸爸仿佛看到了你绯红的脸颊和透着兴奋的眼眸。

2018 年 7 月 25 日

第
50
封
信

剑道之"守、破、离"

儿子：

见字如面。

弹指间，你们放假有 20 天了，但你在家仅仅待了 3 天。在此，爸爸再叮嘱你几句，恰值三伏天，天气炎热，自己在外注意身体，特别是吃东西，要讲究卫生，一定要多喝水，多吃水果。我和你妈想去看看你，你说没有时间，现在晚上有自习课了，让我们不要去了。既然如此，爸爸只能在此聊几句，就把这当作我们的一次见面吧！

今天想和你聊一下我对于日本剑道心诀之体悟。

日本剑道的心诀为"守、破、离"，"守"——遵从老师教诲，认真练习打好基础，以达到熟练的境界；"破"——基础熟练后，突破原有规范得到更高层次的进化；"离"——把自己提升到更高的层次并进行总结，最终达到一个全新的境界。简言之，就是跟着师父修业谓之"守"；在传承中植入自己的想法谓之"破"；开创属于自己的新境界谓之"离"。

剑道精神和学习境界是如此相似。"守"是基础，坚守而不改初衷，精益求精而臻于至善；"破"为突破，学而不思则罔，如罔则无变，无变则无法精进；"离"为超越，站在制高点去俯视，会做到"人无我有，人有我强"。在这三点中，"守"的完成至关重要，它需要长久的等待和超常的忍耐，而"破"则承担着承上启下的作用，如没有"破"，"守"便成了墨守成规，"离"更无从谈起。

高三复习的过程和剑道精神也是如出一辙的。你们第一个阶段的复习便是对基础知识的回望和巩固，此即为"守"；第二个阶段是对重点知识的提炼和研习，此可称为"破"；第三个阶段是对知识的融会贯通并予以实践，这不就是"离"吗？！

爸爸还认为，你们第一、第二阶段的复习是对所学知识进行的纵向梳理，而第三阶段则是对知识进行的横向整合和连接。对于理科综合来讲，要将这三科知识实现融会贯通与有机结合，对于语数外来讲，要求把书本上的理论和社会实践进行有效的延展和结合。

无论是人生之进取还是个人之成长，均须稳扎稳打，脚踏实地且依规依道前行。若如此，何愁心愿不成？又何惧前路之难呢？！

2018 年 8 月 4 日

第
51
封
信

成功的条件

儿子：

见字如面。

暑假马上就要结束了，今年是你向高考发起冲锋的一年，爸爸知道你的累，更知道你的苦。2018年的暑假生活，将成为你人生旅途中浓墨重彩的一笔。爸爸相信，等你回首这段经历时，内心肯定是充盈无憾的。再有几天便开学了，而你仍在外面参加培训，这封信当作开学前给你的留言吧！今天爸爸想和你聊聊"成功"这个话题。

爸爸以前曾和你谈到"道法术"的问题，今天和你谈的这个观点和它大同小异，只不过用此观点讲出的道理，更适用你当下的情形。

我们今天谈的内容是"战略、战术和攻略"体系的末端问题。"战略"就是做大方向的选择;"战术"讲的是在实现目标的过程中如何随机应变;而"攻略"则是指在目标既定、资源既定的情况下,怎样去学习他人的成功经验,力求少走弯路。在这三者当中,"攻略"看起来是层次最低的,但恰恰是最实用最接地气的思维方式。

今天所讲的"攻略"问题和你的学习思路是密切相关的。攻略实际的操作模式可分为三个层次。第一个层次是方法,当你遇到复杂的问题时,首先要学会把它分解成几个小任务;其次是选择,选择在这个小任务的解决方法上有独到之处的人,来研判他在解决这类问题上的攻略;最后是借鉴,借鉴他人的成功经验来完成此小任务。第二个层次是态度,我们一定要怀有一颗谦虚之心,只要别人的智力资源有价值,就毫不犹豫地借用。越成型的攻略,就需要马上拿来为我所用。你可能会考虑自尊和面子的问题,但爸爸告诉你,过度强调"自尊"将成为你前进路上最大的绊脚石。当你一文不值时,你的自尊是毫无价值的,而获得他人尊重的唯一途径便是不断提升自己的价值。因此,你要记住,借鉴他人、向他人学习跟自尊无关,唯有成长才有价值,才能获得他人的认可。第三个层次是分享,亦可理解为交换。那就是把自己擅长的事也要进行攻略化,自己先用,然后再分享给他人。这样既保持了进步,又维护了"自尊",从这一点来讲,分享显得尤其重要。

"攻略"为什么这么重要呢?你要知道:最先抵达目标的人,不见得是速度最快的人,但一定是少走冤枉路的人,而关键因素的有效编织和理顺是成功的必备条件。中文里"原因"的"因"字,是什么意思呢?有两种解释,而这两种解释均可以延伸理解为成功的条件。我们来看一下这两种解释。

解释之一:"因"是草席子。因为草席子是由一根根的草分成经纬线,反复编织缠绕形成的。推而广之，为任何事情找原因，都不能只看单一元素，只要是原因，一定是由很多元素以复杂的方式编织起来的。

解释之二：将"因"这个字拆解来看，它中间一个"大"字，然后周边有个框。因为你很大，所以需要其他的东西围住你、框住你，借你的势，成就它自己。在此种情况下，你就变成了他人的因。从这种理解来看，"因"就变成了事物发生前已经具备的条件。

从以上的解析可以看出，任何事情的成功一定是由很多元素以复杂的方式编织起来才得到的；再者，成功是大事，需要框住目标，借助他人的力量，才会成功。

就你们而言，最终目标的实现所需要的因素是繁杂的。它不仅包括家庭的支持、学校的管理、老师的教诲、同学的互助，还需要自身保持健康的身体，培养良好的习惯，建立坚定的信心和很高的心理素养。

儿子，你要相信，因果之间必有通道。但如何将这条通道打通呢？爸爸认为你需要做到两点：其一，做好"攻略"，提升自己，帮助他人；其二，辨清各种因素，并将他们进行有效的编织，然后框住目标，针对该目标去做有效的努力。

2018 年 8 月 19 日

战略性勤奋

儿子：

见字如面。

儿子，你们明天便开学了，意味着高三生活马上要开始，离高考也就 9 个多月的时间了，已经到了争分夺秒的时候。需要你更加勤奋、更加努力。但是，如何理解勤奋，如何才能做到真正的勤奋呢？如何使自己的付出能够获得最大的收益呢？这应该是你需要认真思考的一个问题。今天，爸爸想和你谈谈有关"勤奋"的话题。

有人这样理解勤奋，勤奋的第一重境界为"很努力的勤奋"；第二重境界是"有方法的勤奋"；第三重境界则是"战略性勤奋"。下面爸爸对此简单地做一下分析，希望对你有所帮助。

第一重境界我相信你们都能做到。大多数同学都在按照学校的时间表，每天沉浸在听课、做题、听课、做题的循环往复中，他们并没有留给自己太多独立的时间，对知识点进行整理、汇总和思考的工作。这种勤奋只能称之为"很努力"。这种低层次的勤奋虽然付出很多，但却收获甚微。爸爸曾经看过一篇文章，对这种勤奋做了很好的诠释。这篇文章的题目叫作《有人努力得像下蛋》，内容简述如下：有人问，母鸡为什么能天天下蛋啊？一只好的蛋鸡，一年能下300颗以上的蛋。试想，母鸡下蛋的目的是什么啊？是为了繁殖后代，下完了蛋，自然状况下，它是要孵蛋的。天天下蛋，怎么会有时间孵蛋呢？其实原因很简单，母鸡天天下蛋，是为了凑上一窝蛋，大概10个，然后去孵蛋，俗称抱窝。但是它每下一个蛋，人就拿走一个蛋，它就以为还没有凑满10个，就只好天天下，再加上高营养饲料和人工灯光的作用，它下蛋就永无尽头了。你看，那些只知道每天努力做事，却不思考的人，繁忙之后已经忘记了自己的最终目标，这种人和努力下蛋的母鸡是何等相似啊！

有自己的方法，并且能保持勤奋态度的同学比第一类同学就高了一个层次，达到了勤奋的第二重境界，即"有方法的勤奋"。这一类同学不仅能够"低头拉磨"，还能够"抬头看路"。在经过一段时间的复习后，他们会及时查找自己的薄弱环节，并且有针对性地查缺补漏，这种勤奋的效果就比第一种好很多。但是，在时间如此紧迫、任务如此繁重的当下，如果仅仅采取此种方式，既不可能将知识完全掌握，也不可能达到复习的最佳效果。如何在有限的时间里，在付出同等努力的情形下获得最佳效果呢？这就需要掌握勤奋的第三重境界："战略性勤奋"。

战略的本质是取舍，要做到有选择地投入，其实就是有选择地放弃。战略实施的关键就是选择一个或几个点，把有限的资源集中于此去谋求突破，而这样做的前提就需要先减少目标。也可以这样讲，在今后的 9 个月里，我认为你首先应该做的是，对自己掌握的知识点进行全面的清理和分类。哪些是已经烂熟于心的，哪些是一知半解的，哪些是还处于懵懂阶段的？后两类应该成为你突破的目标。比如英语是你的弱科，而在英语题型中，阅读理解又是你的弱项，你的战略重点就应该放在阅读理解上，在这上面多下功夫。解决方法应该是自学、外联和借力，爸爸会在下一封信中详细介绍这三种方法。只有做到有的放矢，重点突破，才会有很好的效果。

儿子，勤奋是必须的，但是勤奋也需要讲究策略和方法。中华文化博大精深，有两个字特别能体现"勤奋不得法"所带来的结果，此两字为"忘"和"忙"。可如此理解，心亡为忘，亦为忙。此处的心亡，不是指心死，而是指不用心、不走心，沉不下心进行思考之意。因此，这种勤奋是没有效果的。

儿子，爸爸看到你已走在勤奋的金光大道上。如果你能掌握勤奋之法，且能做到有所舍弃，突出重点，必然能够充分利用好这段宝贵的时光。

2018 年 8 月 21 日

第
53
封
信

八宝粥

儿子:

　　你们虽然已经开学,但由于数学培训的缘故,你能够在家住上 7 晚。在得知你即将在济南培训 7 天并且培训地点离家很近的时候,爸爸甚是兴奋。即使是早出晚归,也能稍微弥补你整个暑假的离家之苦,我们也能够在饮食起居上对你有所照顾。

　　这应该是高考之前你在家待得最长的一段时间了。爸爸便想,给你做点啥吃呢? 既能有花样、不重复,又有营养且合你的口味。思前想后,最终想到了八宝粥,于是便跑到了超市,买足 10 种以上的熬粥用料,准备每天早晨给你熬制不同口味的八宝粥。

爸爸认为，你们的求学之路如想顺畅通达，也需要每天一份八宝粥，它不仅是你取得优异成绩的保障，而且能帮你少走弯路，借力前行。就你们现在的学习而言，家庭的支持、学校的管理、老师的教诲、同学的互助、健康的身体、良好的习惯、强大的内心和坚持的力量可称为能顺利抵达终点的"八宝"了。

家庭是你歇脚的地方，当你走久了，脑子觉得累了，需要歇息时，你就回来，吃吃家里的饭，听听爸爸的话，虽不需要驻足长久，却能保障你继续前行，不至于产生倦意。

学校是你战斗的地方，自上学以来，学校便成了你的主战场。那里有纪律、有约束，它不仅使你获取知识，而且是你能不断前进的地方，适应管理，可令你迅速成长。

老师不仅是你学业的引路人，更是学高身正之典范。你们除了要从他们身上学习知识，还更应该学习做人之道。

同学是你前行的帮扶者，应该学会向他人学习，并与他人分享。只有相互携手前行，才能多一份扶助、多一份力量。同学，是知己更是密友，是你一路前行的鼓励者和扶持者。

身体是你整个学习系统的发动机，一定要维护好、保养好。它能否运转良好，将直接决定你能走多远。它不仅需要时刻检修，还需要定期保养，它是你取得胜利的根本保证。

良好的学习状态和生活习惯是取得胜利的关键一环。无论是平时学习，还是大考，直到最终的高考，要始终保持一种平和的状态。只有这样，你才能做到面临大事而不惊，面临挫折而不乱。

强大的内心是克难之法宝。高中之苦是所有经历过高考的人都谈及色变的，如何能顺利地走过这段令人心力交瘁的时光，它拼的不仅是体力和耐力，更是内心，只有内心强大的人，才能踏过终点。

坚持就是胜利，此处的坚持不仅仅是体力，更需要脑力、心力和精神的汇聚和统一，这样才会有所新获。

儿子，高三阶段是孤独的、步履蹒跚的。但是，一定要做到人虽孤独，但内心丰满；步履虽蹒跚，但内心笃定。

儿子，此刻我们不怕走得慢，但一定不能后退。你要相信，只要行走在路上，你就会变得越来起好。这样，世界才会愿意为你的努力买单，无论得到什么回报，都是对你的认可和尊重。

儿子，你在家的这七天，爸爸每天早晨会为你熬一碗不同材质的八宝粥，虽然材质不同、口味不同，但是所蕴含的情愫、营养，所赋予的精神和力量都是一样的。

儿子，在以后九个月的日子里，当你身体倦了，心累了，思想松了，脚步慢了，就想一下爸爸为你熬制的八宝粥吧！它会给予你前进的力量，因为那里面有父母的一份长情。

2018 年 8 月 25 日

夜间十点的站牌

儿子：

　　时间过得好快，7天的时间转瞬便过去了。爸爸虽然工作忙碌，但还是尽量腾出时间给你做饭、陪你吃饭。爸爸特别珍惜这段难得的相聚时光，在这短暂的时光里，只想让你感受一份温情，感受一份力量；让你在紧张的学习中，心情有所放松。

　　这7天中，爸爸觉得最幸福的时光，便是每天晚上10点在公交站接你回家。那时的经十路已经沉静下来，路边的大树下，只有为数不多的几个老人缓慢地行走。已经入秋，偶尔吹过一丝微风，有点凉爽的感觉。

在济南，爸爸总感觉自己是繁忙的、凌乱的、焦躁的，像这几天如此沉静的感觉还从未有过。可能是爸爸很少坐晚上 10 点的公交，因此，对这个时间段的公交，以及这个时间段公交站牌旁边的一切都是陌生的。此时，爸爸便想到了科比说的一句话：你见过凌晨四点洛杉矶的样子吗？

回到家，已经接近 11 点。看着你风卷残云地吃完夜宵，心里有几分欣慰，又有几分伤感。吃完东西，洗漱完毕，接近 11 点半，你需要抓紧休息，明早 5 点半还要起床。你跟爸爸讲过，暑假在外培训的一个半月，也是按照这样的时间表来执行的。

看着你虽稚嫩却坚毅的脸庞，爸爸心生感叹，又想起那首无数次萦绕在耳边的诗：

谁的人生不是在负重飞翔
许多人，只看到成功者头顶上的花环
殊不知，生活的强者永远是
含着眼泪在执着地奔跑
成功，并非一蹴而就
只因他们永远有一颗坚如磐石的心
了解一切，就会理解
谁的人生不是在负重飞翔

皎洁的月光，静止的站牌，摇曳的树影，孤寂的夜归人，还有一份真情的等待，这是一幅怎样的画面。

夜晚，经十路站牌，它在你漫长的人生旅途中只能算短暂停留的一站；风中婆娑的树影，是你高中三年无数次晚归篇章的一个音符。

儿子，高三之帆已经扬起，爸爸会在下一个站牌等你。爸爸相信，下车的你依然是面带微笑、恬淡依旧。

2018 年 8 月 30 日

第
55
封
信

认清自我的四项原则

儿子：

见字如面。

你再次返校又重新投入紧张的备考之中。再有一周便考试了，你在家时，我们交流过，凡事尽心而已，要抱"尽人事，听天命""得之我幸，失之我命"的心态。因为只有心态平稳，你才会发挥出自己的正常水平。

今天，爸爸想就这个话题和你再聊两句。

无论是现在的考试还是以后的工作，一定要谨记以下几个原则，只有这样，做事才有顺达之可能。

原则一：只有在确保底线无忧的情况下，才能发挥出超常之能。

儿子，对于自身的能力和水平，你一定要有一个清醒的认知，做一个心清目明之人。老子曾讲：知人者智，知己者明；胜人者有力，自胜者强。自己哪些知识点掌握了，哪些还有待完善和提高，要做到心中有数。对于已经掌握的知识点，要做到不出现任何闪失。因为这是你的根基，是你的底线。只有根基稳固了，心态才能放松，心态放松才有可能发挥出超常水准。

原则二：用正确的方法得到一个失败的结果，远好于用错误的方法得到一个成功的结果。

记得你曾说过，有次考试，因老师将一道题目的答案写错，导致你这道题没有得分，而另外一名同学填写了错误答案却歪打正着，这样他的分数便高过了你，你心有不甘。儿子，一次考试成绩的高低远不及对知识的掌握重要。你要相信，在重大考试中，这种情况肯定不会出现。对于正确的学习方法及知识的掌握，不要心存侥幸，时刻保持"知之为知之，不知为不知"，实事求是的心态才是正道。

原则三：天不言自高，地不言自厚。

无论是学习还是做事，都应该"脚踏实地，静心去做"，不张扬，也不焦躁。"静水流深"讲的就是这个道理。你要记住，读书学习是为了使自己得到成长，使自己的素养和修为得到提高。一个人素养的高低以及能力的大小，都是在静心和沉寂中默默修炼来的，它不因自我宣扬而放大，也不因你的静默不语而缩小。

原则四：笼中修羽，任凭百鸟飞翔；侧畔造舟，无视千帆之过。

上面这两句诗讲的仍是一种心态。百鸟飞过我心不焦，因为我的羽毛尚未修剪、梳理完毕；千帆驶过我心不急，因为大船还在岸边，尚未建造成功。儿子，高三时间虽紧，但毕竟还算充裕，并且每个人都有自己的学习方法和策略，要始终保持自己的节奏，并按照计划去完成高三最后一年的学习。不因他人的快而快，也不因他人的慢而慢，沉稳之后方得始终。

儿子，要时刻保持一颗清澄朗净之心，绚烂之花和明亮洁净之月自会徐然而来。

2018 年 9 月 2 日

第
56
封
信

学会控制情绪

儿子：

见字如面。

时间过得飞快，转眼你已返校一周，时间就是在这些纷繁忙碌中逝去的。这个周末你就要考试了，这也是对你暑假奋战 40 天的一个检验。我曾和你说过，做事要秉承"无问西东，尽心即可"的态度和"但行前路，莫问前程"的心境。话虽如此，但爸爸仍心存戚戚，担心你的压力、你的顾虑、你的情绪。在此，便想在考试前给你写点东西。思前想后，感觉此时的你最需要的仍是"心态平和，平心静气，放下压力"。而要做到这一点，对情绪的把控就显得至关重要。

有句话是这样讲的：每个人的生命都有三个卡点，性格、情感和情绪。"性格决定命运"，是大家耳熟能详的；"情感决定幸福"，我认为大家应该也是认同的；而对于"情绪影响成败"，听过的人不多，认同的人可能也不多，但爸爸觉得这句话非常有道理。我们每天要面对形形色色的人和纷纷杂杂的事，高兴、沮丧、亢奋、萎靡的情绪是随时可能发生的。如果你不能控制好自己的情绪，易喜易怒、易欢易忧，便没有了平和之心态，时间久了会影响你的学习和工作。因此，无论是学习还是做事，情绪的把控至关重要。今天，爸爸和你交流一下如何掌控情绪。

要点一：先解决情绪，再解决事情。

儿子，学校的生活相对比较简单，能影响你情绪的无非就是老师的批评、同学之间的摩擦和你自身的心情。面对老师的批评，要有正确的态度，要理解老师的苦心，知道他们这样做也是为了你好，为了你的进步。对此，不仅不能有怨言，还应该怀有感恩之心。面对同学之间的矛盾，要持有容忍的态度，你们之间的矛盾不是什么大问题，有点小矛盾要做到不纠结、不牵绊、能容忍。对此，不必非得争个是是非非，要有"难得糊涂"的态度。面对自己的失落、失败，偶尔的不顺，要学会自我调节，要相信自己有能力去克服和应对。

每个人眼里的世界都不同，每个人对同一件事情的认知也是不同的，产生矛盾在所难免。但无论如何，你必须从自身做起，使自己始终保持温和之心境，做到不发脾气、不闹情绪。如能做到这一点，无论学习还是做事便自然顺畅起来。

要点二：凡事往宽处想，一切向前看。

人生不如意之事十有八九。比如说，此次机会没有给到你，你也不要抱怨和生气，你需要对此做认真的分析。要往宽处去想，这样便不会再纠结了。不选我的原因可能是因为我不够优秀吧。或者想，下次应该还是有机会的，以后的机会会更好。如果这次机会给了你，也不要忘乎所以、飘飘然，要始终持有"不以物喜，不以己悲"的心态，无论是高兴还是悲愤，要使情绪尽快平缓，眼界向宽广之处看。

儿子，你要谨记：一切对学习有干扰之事，都要尽量做到不关心、不占心、不堵心。心宽则眼界宽，眼界宽则路径宽，路径宽则事事顺畅。

要点三：得之我幸，失之我命。

人的一生，得失随时会发生。不能因为失去一点东西就深陷其中不能自拔，一生郁郁而终，此为人生之大忌。但是，在现实中却有许多这样的人，一生也走不出自己的情绪。"得之我幸，失之我命，得之泰然，失之坦然"，这才是人生需要持有的态度。当然，之所以有所得，之所以有此"幸"，都是以先前的努力为基础的。只有自己有过努力，才不会留有遗憾，才不会后悔。即使失去，心也是坦然的。

要点四：向上意则坚，心定路方长。

儿子，你一定要持有时时向上的意念。因为越往下落，所见越少，机会越少，你越会感受到社会的不公，从而产生愤怒，使你的情绪难以控制；与之相反，越往上，所见越多，机会越多，越是感觉世界美丽，风光无限，你的心情自然是舒畅恬静的，此时的心情也是曼妙的。

内心无比坚定的人，其前景可期，其脚力也健，其路亦宽广。此处的心不仅仅指的是心智，更是认知。我们有那么多事情要做，即使疾步前行也未必能抓住时代的脉搏，哪里还有时间和心思去抱怨呢？

拿破仑曾经说过："能控制好自己情绪的人，比拿下一座城池的将军更伟大。"过于情绪化的人很难精进。

最后，爸爸送你四句话，望你谨记：人生路漫漫，坎坷随时现，要想永前行，首克情绪关。

2018 年 9 月 7 日

第
57
封
信

再谈学习方向

儿子：

　　当你看到这封信时，应该已经在返校的汽车上了。考试的前一天，你打电话说，不让我去看你。我的理解是，你怕我影响你考试。而你想的却是，虽然你在济南，但因考点离家太远，你怕爸爸太奔波。儿子，你真的长大了，懂事了。即便如此，我们还是在考试前的晚上一起吃了顿饭，爸爸感觉你的心态是放松的，这样我就放心了。

　　爸爸不谈你明天的考试，无论结果如何，心平气和地接受即可。今天主要想和你探讨的是，今后 8 个月的学习问题。之前的信曾经提过：一切皆是背影，不纠结过往，只需眼望前方，那才是努力学习的方向。今天想从另外一个角度和你交流一下高三的学习问题。

我认为，在以后的 8 个月中，你应该把下面的三个目标定为学习方向。

第一，要解决看得远的问题。

在学习中，什么是最重要的技能呢？提问和整合能力。儿子，如果你能把每个章节中的要点提炼出来，整理成问题，再根据要点问题按照课本的大纲目录进行排列，梳理出属于自己的问题树，那每一门课在你的脑海中就会形成枝叶繁茂的知识树。

在这个知识体系中，你能够看到这门课程的发展脉络，也能找到前后章节的衔接关系，这样，就能站在知识的源头，将所有的知识点理顺，找到"回路"；从哲学的角度来讲，这是纵向的、回顾性的看问题的方法。

第二，要解决看得透的问题。

对于现在的考试，如果你只解决了"看得远"的问题，那只能达到及格的水准。要想取得更好的成绩，还需要有看透问题的能力。

所谓"看得透"，指的是能理解事情背后的真正规律，看到事情背后的"层级"。比如，当你看到一个题目，你能看出出题老师的用意，以及这个题目想考哪些知识点，这样，你只需从后往前推即可。另外，能否梳理好科目之间的关联性是把问题看透的一个更高要求。要有能力把不同科目类似的知识点进行汇总整理，把它们之间的区别分清楚；关联性做系统掌握，这考查的是你对相似知识点融会贯通的能力。

如此看来，把问题看透实际上讲的是一个面，是一种横向的、类比的思维模式。

第三，要解决知识变现的问题。

解决了"看得远、看得透"的问题，说明你已经达到了优秀级。但是，想实现卓越，还需要完成第三步。儿子，你要明白，不能读死书。更要明白，学习的最终目的是什么？无论学什么，最后的终极目标是为了在实践中有效地运用知识。只有把理论和实践有机地结合，知识才会实现其真正的价值。现在的考试越来越倾向于把知识和实际运用进行有机结合，最终达到付诸行动的目的。因此，在做完题后，再稍微延伸一下，这个题目和哪类社会现实或生活现象有关？要做到有体会，有联想。

儿子，以后的 8 个月，目标已经非常明确了，那就是以纵向知识的打造为基础，以横向知识的锻造为提高，实现理论和实践的完美结合。

2018 年 9 月 8 日

成长的六个要素

儿子：

见字如面。

现在，你可以根据学校的安排和自己的计划，回到正常的学习轨道上了。爸爸今天想和你交流一下，可能会影响你学业和成长的几个因素，希望你能厘清这几个方面的相互关系。爸爸这样做，只是想帮助你减少压力，希望你在前行的道路上，压力小些、再小些。

第一个要素：关于磨难和困苦。

这次，你在济南参加考试，我过去带你和建儒一块儿吃饭，因你们所住宾馆位置偏僻，只好在附近找了一个小饭店。我感觉这个餐馆的菜并不好吃，但你们却说：比学校的菜好吃多了。当我问起建儒多长时间没有回家时，他回答：从 6 月 22 日便没有回过家，这两个半月的时间一直都在外面学习。他对于你能够在家住上一周是那样羡慕。说实话，听你们说这些，我的心中是酸涩的。但是，他接着说，当一切都成为习惯，便没有什么了。爸爸感觉到他的目光是坚毅的，话语中没有丝毫委屈和抱怨。我能体会到，他有一份为学业砥砺前行的决心。想到这，爸爸很欣慰。爸爸相信，你们现在所经历的一切终将汇聚成前进路上的光束，照亮你们前行的道路。因此，儿子，在困难面前，你们应无所畏惧。每一次付出、每一次煎熬，都会成为你们向上的阶梯。

第二个要素：关于学习和捷径。

吃饭时，你们俩说，这两个月的高强度训练，致使你们一看到数学就有种想吐的感觉，可即使这样，面对考试还是显得无所适从。因此，爸爸想说的是，无论是求学还是做事，都没有捷径可言，没有谁在突击训练两个月后，便会成为某一学科或某一领域的佼佼者。要想在某一方面取得好成绩或有所成就，唯有脚踏实地，日积月累，以滴水穿石之功力面对，切不可有取巧之心。慢火熬出的老汤，味道才会醇厚而鲜美，而沉静、稳重之心态下的知识积淀才会厚重而不虚浮。因此，唯有慢，唯有静，唯有深入，才能悟到学习之真谛，才能稳步前行。切不可有丝毫懈怠和轻视之态度。

第三个要素：关于学校和老师。

你们学校上两届学生考得不太理想，给你们学校和老师带来了很大的压力，同时也在你们的心底留下了阴影。你们也讲到，任课老师的调整给大家的学习带来的不利。俗话讲得好："师傅领进门，修行在个人"，对于学习而言，最重要的还是自己，自己才是内因，学校和老师都是外因。内因是主导，外因是辅助，一定要把它们的关系理顺，切不可因这些外在之事而扰乱内心。儿子，在人生道路上，不可能事事皆如我意，当我们面对突如其来的变故而又无法改变时，那就采取释然、面对的态度。应该考虑的是，如何充分地利用好当下的资源和保持好平稳的心态，切不可让外因影响内因。

第四个要素：关于未来和你们。

未来是光明的，路途是坎坷的。这句俗语道出了真理：宽广的人生之路肯定需要荡平各种坎坷。未来的人生之路很漫长，而你们现在才刚刚开始，人生之路需要分段前行，只有做好当下，踏实地走好每一段人生路，最终的目标才能实现。未来是属于你们的，你们会拥有一个充满希望的人生。

第五个要素：关于学历和修养。

有句话讲得好，先要成人，然后再成才。你学问的高低和修养无关，而你的修养和"人格是否健全"有关。好的大学固然重要，但是，离开了健全的人格和基本的人文修养，即使你的学历再高，又有何用呢？儿子，你要明白，上学的首要目的是为了成为一个拥有健全人格的"人"。这个人首先应该有基本的修养，而这种修养和家庭的熏陶以及自我修炼有关，和学历的关系倒是不大。儿子，爸爸希望你能够在学业精进的同时，更要做到心存善念，品德敦厚，尊重他人。唯有学识和修养同时达到一定的高度，你才会成为一个"完整"的人。

第六个要素：关于厚德载物，德要配位。

德高而仁厚，德高而位尊。德是做人的至高境界，人如有德，物自丰厚，人若无德，物自失之。丰厚的学识一定要和厚德之积淀相辅相成。

"德要配位"，儿子，我们此生的目标，包括你的学习，以及你今后的事业，如想有得，应先有德。

儿子，爸爸希望你记住：

磨难荡平之后便是坦途；捷径是坑，深陷之中便是迷茫；老师是光，是带你起飞的翅膀；未来是亮，沿着光亮才能找到方向；德行是以上一切的终点。唯有德高仁厚才能成为一个大写的人。

2018 年 9 月 13 日

价值观的塑造

儿子：

见字如面。

我们交流了那么多，从人格的塑造、性格和思维的打造、心力的锻造等。上述这一切的源泉来自一点，那就是价值观。今天我们就探讨一下这个话题。

关于价值观的定义，百度百科是这样解释的：价值观是基于人的思维感官而做出的认知、理解、判断或抉择，也是人认定事物、辨别是非的一种思维取向。

罗振宇对于价值观是这样定义的：当你决定自己成为什么样的人时，你就确定了干什么事会对你的生命有价值，什么事情值得去做，当你感觉有很多事情都值得去做的时候，你必须选出最值得为之付出的，这就是你的价值观。

他讲价值观的实现是分步骤的。第一步，就是你想成为什么样的人；第二步，你最想干什么，什么是最值得你去做的；第三步，这些问题一旦确定，是否能为之付出并坚持。今天爸爸想和你探讨价值观实现的四个支点：高度、宽度、深度和温度。

第一点，关于高度。

从古至今，有关登高望远的诗句不胜枚举，比如，"会当凌绝顶，一览众山小""欲穷千里目，更上一层楼"，讲的都是唯有登高才能远观，唯有登高才能大开眼界。可见，高度不仅能决定你的视野，还能改变你的观念。唯有站得高，才能看得远，才能使你的心胸宽广，才不会在自己的小天地里沾沾自喜，傲然自得。登高所带给你的不仅仅是远处的风景，更重要的是提高你的心性。儿子，提高自己水平的方法不仅仅是登高望远，也包括向高人学习、向对手取经，以及自身进行的改变，而在这一切中，最大的对手是你自己，唯有跨过自己内心这道坎儿，你才会实现真正的飞跃。

第二点，关于宽度。

宽度的修炼，拓宽眼界的要点是你一定要摆脱狭隘思维，一定要从书本的知识里走出来，去完成和其他相关知识的拓展和连接；摆脱人类通常的狭窄思维模式，要建立起点、线、面、网、球形的思维模式；要有包容之心，容人之攻，容人之过，容人之短。包容之心的大小决定了你所走的路的宽度。

第三点，关于深度。

深度就是寻找事物的本质规律，想发现事物本质需要不断培养洞察力、逻辑力。还要过止、专、挺这三关。所谓"止"，讲的是"有所为，有所不为"，对于应该做和不应该做的事情的界限一定要了然于心。所谓

"专"，不仅仅是心无旁骛地将心思用于学习，还要专于做题技巧的研习。所谓"挺"，就是要拥有"发一谋，举一事"咬牙坚持的决心。过三关，掌规律，不仅要挖掘出其深意，更要悟透其精髓。

第四点，关于温度。

人活在世上，最终所追寻的其实是一种"温度"，而这种温度源于自身心境的修炼。内心淳厚、心性恬淡的人带给他人的是一份温顺、一份祥和吧！

这种温度不仅能够温润他人，更重要的是能够温暖自己。

2018 年 9 月 15 日

第
60
封
信

平衡的艺术

儿子：

见字如面。

国庆节到了，明天你们可以放假一天。假期之后，你便正式进入高三的全面复习阶段了。之前的数学和物理竞赛已经尘埃落定，结果也已无法改变，因此，没必要再去想它了。对于你们来讲，爸爸认为在以后的八个月里最重要的应该是把握好各种平衡，平衡之术是应切实掌握、灵活运用的有效方法。今天，爸爸想和你探讨一下这个话题。

爸爸去汶上出差，和拆迁指挥部食堂的大师傅在一起聊天。他说，健壮不等于健康，更不等于长寿。身体健康的评定标准应该是：身体各项指标的稳定以及各个器官都能达到一种平衡状态，以此来维持整个身体系统的平稳运转，爸爸认为他讲得很有道理。由此，我想到了你当下的状况。你目前应该做的也是尽量使自己保持平衡，才可能使身体这台机器有效地运转。

首先，是作息时间的平衡。

每个人都有自己的生物钟，也有自己学习效率高的时段，你要想每天都保持良好的精神状态，那需要让学习时间和大脑的高效率状态达到一个完美的结合，并且保持一种平衡和匀速的状态。切不可做舍本逐末、一曝十寒之事，那样做无异于杀鸡取卵，得不偿失。

其次，是身体的平衡。

我原来说过，高中三年是一场马拉松，不是百米跑，身体状态既要保持稳定，又要具备一定速度；既要保证前半程不掉队，又要拥有后半程能够发力的能力。因此，学习再紧张，也要将健康放在首要位置。要使身体保持一个持续良好的运转状态，学习的良好状态才能得到长久有效的保障。

再次，是情绪的平衡。

爸爸此前写过一篇关于情绪的信，信中阐述了情绪的重要性。在此，爸爸再延伸一下，此处的情绪指的不仅是喜怒哀乐，还包括贯彻始终的勇气和决心。曾经听闻很多高考失利的案例，讲的都是临近高考时，心理压力变大而造成的失利，令人唏嘘不已。特别是春节过后，随着理综题目难度的增加，一些孩子的心理承受能力急剧下降。因此，咬紧牙关，绷紧大脑的那根弦，既要保持心态平和，又不可懈怠。一定要做到心如止水、处事不惊，坚持到底，不达终点誓不罢休。

最后，是科目的平衡。

你们现在的考试只有四个科目，因此，每一科都是举足轻重的，每一科都能决定你的命运。如若有一科失衡，总成绩肯定会从云端跌落。因此，保持长板、弥补短板将成为你今后学习的重中之重。

儿子，身体、情绪的平衡，可以顺利通过高考的大关。

2018 年 10 月 1 日

掌控好自己方能掌控人生

儿子：

见字如面。

十一假期继续，爸爸原定的给你写三封信的任务仅仅完成了一封，因此深感自责。爸爸也在想，繁忙的工作一旦停下来，人就会变得懈怠。另外，爸爸感觉，放假后，手机成为一种负累，浪费了大量时间。现在大多数人被手机绑架，已经成为一种现象。在信息化高度发展的当下，对于你们90后这一代而言，如何面对这种高度信息化的生活方式，如何摆脱手机的负累，已经是一个不得不面对的现实问题。爸爸有感而发，便有了今天的话题。

人们常说，每一代人都有每一代人的使命，每一代人都有自己的生活方式。但是，爸爸认为，无论时代如何变迁，有一些东西应该是亘古不变的。从整体上看，90 后这一代人视野开阔、聪慧敏锐、自信而独立。但是，当下人们普遍表现出来的状态却是：一旦手机离手，就会失魂落魄。因此，对于高度信息化的生活，要时刻保持足够的审视和反省。我们一定要做到，越是在快速变化的时代，越需要保持一颗慢下来的心。

　　当下，整天捧着手机的人，大多成为网络"人生经验"的二传手、三传手，总是把消息当新闻。在此情况下，没有了沉下心去学习、去研究、去思考的心气。

　　儿子，世界上所有的美，都需要长时间的淬炼，读书、求知，当然也不例外。你要记住，长得太快的树，都是空心的，是不堪大用的。在时代的屏幕上快速湮灭的文字，往往是浅陋粗鄙的。我们需要以"坐得十年冷板凳"的勇气去塑造自己。

　　回头想想，是什么造成多数人沉溺于手机呢？是时间的黑洞。时间的黑洞需要东西去填充。如果一个人的内心没有更高层次的追求，没有必须达成的目标，那他的内心就需要一些烦琐的、世俗的东西去填充。当然，还有极少的"超人"，一部手机便可成为移动的办公室，手机成为创造价值的神器，对于这些牛人来讲，手机便成为其实现目标的加速器。因此，你人生的走向与物品本身无关，取决于你自己的内心，取决于你想成为一个什么样的人。有句话说得好，"你要想成就一个人，请给他一部手机；你要想毁了一个人，也请给他一部手机"。我想说的就是这个道理。

　　儿子，有句话是这样说的，"自律的人才会拥有有价值的人生"。爸爸今天也想说一句，只有做到自我控制，才会掌控好自己的人生。

2018 年 10 月 6 日

成长的空洞

儿子：

见字如面。

爸爸最近看了一本书，在这本书中，作者提到一个很新颖的词——成长的空洞。我对这个词有自己的理解和想法，想继续就"成长"这个话题再和你交流一下。

每个人在人生成长的各个阶段都会有不同的需求，这种需求可以被看作在某一阶段的理想，但现实和理想之间存在着差距，因此，这两者之间的距离就可以被称为"人生的空洞"。如要实现自己的理想，需要通过不断的努力去填补这些空洞，人们所期待的，便是不断地把这些空洞填满，成为自己想要的样子。这些因为自身渴望成长而产生的空洞，被称之为"成长的空洞"。

人生成长的空洞可分为物质空洞和精神空洞两个层面，最直观的表现是填补物质空洞，这也是一个人生活最基本的需求。物质是基础，精神是由物质决定的。物质能带来一次次的短暂快乐，但绝非长久的幸福。快乐和幸福是不同的。如想有一个高质量的人生，实现精神上的升华，单纯依靠物质是无法将空洞填满的。用物质去填补空洞的人，其最大的悲剧是，没有哪个人能够跑赢欲望。因此，在成长的过程中，人们更应该追寻精神层面的东西。

价值观是属于精神层面的东西，而人生不断填补精神空洞的过程，就是树立价值观的过程。有一种关于价值观的说法，就很好地诠释了上述观点：不同的基因、家庭、环境、社会文化和人生经历创造了不同的我们，也构建了不同的自我概念，这些不同的因素产生了不同的空洞，而这些成长的空洞便构成了对价值不同的观念和想法。这种说法也合理地解释了，为什么每一个人的价值观都是独特的。

如何看到自己成长的空洞，并知道用什么东西去填补它。解决此问题的关键是要拥有正确的价值观，找准空洞，才不会被烦琐的生活带跑。而这个发现和填补的过程，实际上就是找回自己、理解自己、不断成长的过程。

在现实生活中，很多家长恨不得把孩子的一辈子都安排妥当，而这些"妥当安排"，大多数属于物质层面，在精神层面上，他们没有给予孩子关注和引导。单纯物质的成长空洞虽已填满，但精神的成长空洞却越来越大。对于这样的安排，多数孩子是不满意的，因为孩子有自己的想法和活法。这也导致了家长根本无法真正地走进孩子的内心，无法帮助孩子完成真正的自我成长。

儿子，树立正确的人生观，厘清自我成长的空洞，然后不断地填补它，这才是你成长的正路和捷径。正所谓"人间正道是沧桑"，做到这一点并不容易，需要静心和自强。填补空洞需要不断地战胜自我，自胜者需先自强。

2018 年 10 月 7 日

第
63
封
信

利用时间，实现破局

儿子：

　　见字如面。

　　距离高考还有八个月，时间对于你们而言是那样弥足珍贵。如何使自己的时间更有价值，如何合理地管理有限的时间，获取更大的价值，是你当下应该考虑的问题。爸爸今天便和你谈一下关于有效利用时间的问题。

　　"一万小时定律"是作家格拉德威尔在《异类》一书中指出的定律。"人们眼中的天才之所以卓越非凡，并非天资超人一等，而是因为他付出了持续不断的努力。一万小时的锤炼是一个人从平凡变成大师的必要条件。"他将此称为"一万小时定律"。

对你们而言，高中三年学习累计的时间已经超过了一万小时，而现实中真正能够取得理想成绩的人却寥寥无几。为什么会出现这样的情况呢？因为绝大部分人都是在做"简单重复"的事情，得到的只是"线性积累"罢了。如此，即使他再勤奋，最终也只会成为一个熟练的刷题工而已，"一万小时定律"也不会生效，反而会陷入一种"固化的死循环"。举几个简单的例子，你会明白。即使当了五年的厨子，你也不一定能当上餐厅老板；即使开了多年的出租，你和赛车手也不会是一个档次；即使写了五年的代码，你和互联网创业还是不会有多大关系。

儿子，在时间如此紧迫的情形下，亟须解决的问题是，如何使自己在单位时间内创造出更大的价值。爸爸认为，解决这个问题的办法，可以分两步实行。第一步是先寻找到自己的破局点和极限点；第二步是利用"200 小时方法论"，形成一个成熟的解决破局点和问题的方法。

先看第一步，寻找破局点和极限点。所谓的破局点，就是要寻找自己每次考试出现概率最大的失误点，寻找自己各科的薄弱点。另外一点比破局点更重要，就是你要知道自己的极限点，知人者智，自知者明，自己的"天花板"在哪里一定要清楚。明知道自己不具备触摸到它的能力，仍然刻意为之，那你失去的不仅仅是时间，还有自信心。

如何才能使自己具有"破局"能力呢？需要你构建自己的"立体视觉"。"立体视觉"的概念是这样的：成年人的双眼间隔大概是 6.5 厘米，看东西时，两只眼睛从不同的位置和角度注视着物体，同时在视网膜上成像，合起来就得到了"立体视觉"。对于你来讲，就是需要把自己难以解决的问题放到整个科目的系统中，在整个科目的架构中先确定它的位置，并弄清楚其前后知识点的相互联系，再站在整个框架结构中，用立体的视觉看待并解决它。如果掌握了属于自己的破局之道，就意味着你已经实现了"破局"。如能找到它并对其熟练地加以练习，你的成绩将会有一个快速提升，并会稳定在一个相对较高的水平上。

所谓的"200小时方法论"，讲的是"需要用200小时去解决一类问题的'实用套路'"。假如你需要解决的破局点是50个，解决一个点的操作模式和套路需要200小时，你解决全部的点就需要一万小时，意味着你只需要"一万小时"，便掌握了去应对各种细节问题的各种套路。

这实际上就是将"一万小时"进行分解，以实际需求为导向，将零散的、解决各个细节问题的具体套路，整合成一套"成熟的方法论体系"。构建这种"立体视觉"的目的，就是为了找到应对各种细节问题的方法论。

儿子，时间虽然不多，但还算充裕，关键是用何种方法去利用时间、整合时间，最终完成自己的破局。

2018 年 10 月 13 日

不咎既往，淡然前行

儿子：

　　见字如面。

　　数学竞赛成绩终于出来了，虽然没有达到你期望的目标，但和之前的预测还是相差无几的。暑假仅仅奋斗了40天，能取得这样的成绩还是很不错的。毕竟那么多的同学参加了竞赛，只有你们四个获奖，并且你的成绩算高的，这样的结果也是我们能够接受的。

　　你也说过，在这两年的时间里，泰安一中的学生一直坚持学习数学，而你们算上零敲碎打的时间，也不过两个月。两年和两个月，这就是量和质的区别。泰安一中进入全省第一的有 7 人，假如你在那里上学，想取得这样的成绩，应该是顺理成章的事情吧。但是生活没有假如，你的现实环境就是这样，就应该面对它，不能心怀抱怨，而是要最大化地利用好当下的条件，力求取得更好的成绩。

爸爸今天给你写这封信的目的有二：一是希望你不要为过往纠结，一定要客观地认识自己，眼望前方；二是要做好下一步规划，淡然前行。

儿子，你是优秀的。进入高中之后，你所取得的成绩也令我们感到欣慰。你凭借自己的实力获得了自主招生机构给予的名额；凭借自己的成绩获得了参加北大夏令营的机会；作文获得两项竞赛奖；数学获得丘成桐竞赛和省二竞赛奖；物理即使没有参加培训，也获得了全省第三的成绩。

上面这些成绩说明了什么？说明你是有实力的，并且你各科的成绩也是均衡的。同时，你也要发现自己的弱点，就是你的单科成绩不突出。在此情况下，单科竞赛的成绩不能如己所愿，也是正常的事情了。那么你下一步在学习上的应对之策应该是什么呢？爸爸认为是发挥自己的优势，去拼一下综合成绩。

在此，爸爸想和你说几句话，希望你能够切实地领会并践行。

一是要学会控制自己的情绪，时刻保持脑明心清。

爸爸曾经说过：无论你以往取得怎样的成绩，一切都是背影。因此，在任何时候都需要持有一颗平常心。不能因为取得了点滴成绩而沾沾自喜，因为你还有更大的目标；更不能因为小磕小绊而悲伤不已。需要做的是在总结中前行，在前行中展望。"天天向上"是当下最重要的任务。

二是要做到策略恰当，合理规划。

单科的竞赛已经落下帷幕，下一步就应该考虑综合成绩的问题了。如何来做呢？关于学习的方法和技巧，爸爸在信中多次阐述，在此不再赘述。你还是有希望考上清华北大的，路径就是提高综合成绩，当然难度会很大，但不能放弃。对此，我想在你采取的学习策略上提一些想法。

首先，你自己一定要打好基础。对于自主招生，还有机会。要充分地利用好自主招生机构这个杠杆，看看能否利用综合成绩去获得通过初审的机会。

对于求学的规划，也要结合自己的实际情况来修正一下目标。上海交通大学和浙江大学对于"小小发明家"的国二还是认可的，国二是通过他们初审的其中一个条件。我会抽时间下载这两所学校的自主招生题目，看看哪所学校更适合你。选择这两所学校，做自主招生报名的准备工作。

三是在时间如此紧张的情形下，一定要坚守底线，循序渐进。

你需要坚守的底线是，先保证优势科目成绩的稳定，比如数学、语文和物理的成绩。当下，稳定是最重要的，越到最后越不能出现过山车的现象。对于弱势的科目要进行细致的分析，一定要找到各科的薄弱环节，然后循序渐进、逐个击破。既然你现在能取得还算不错的成绩，说明你的薄弱环节并不是太多，在现有的时间框架下，还是能够做到应对自如的。

儿子，你也看到了，无论是自主招生还是高考统招，都要求你是极为优秀的。如果说单科竞赛选取的是偏才，那综合性考试选取的则是全才。爸爸认为，在以后的生活和工作中，全才往往更容易获得幸福。

儿子，你还有机会，要相信自己的能力，只需做到每天"脑清目明，天天向上，依策而行"即可。

2018 年 10 月 17 日

第
65
封
信

谈格局

儿子：

见字如面。

今天是你参加清华标准化测试的日子，再隔一周就是期中考试了。现在的考试对你而言已是家常便饭了。这更需要你保持好心态，积极地去应对每一次考试，只有这样，你才能从心态和考试技巧上得到明显提高。有句话说，"我走得虽慢，但却从未后退"。如你能做到这一点，光明未来必将到来。爸爸深知想要做到这一点着实不易。光明未来的实现首先需要建立起自己的人生格局，今天爸爸便和你聊一下这个话题。

所谓格局，就是站得高、看得远、想得深。这样便能悟透人生，抓住机遇。格局形成了，属于自己的人生际遇便能抓住了。

任何一件事情，思考的角度不同，得出的结论往往也会不同，对情绪的影响也是有区别的。因此，你一定要从积极的角度去考虑问题，这样才有助于自己的进步和成长。比如：一次考试的成绩不理想，你的心情会怎样？如果你始终以悲观的态度去看待，则会非常沮丧，如果以积极的态度去看待它，则会比较坦然。你一定要这样想：这次考试既然出现了很多问题，就说明我还存在很多缺点，暴露了我还有很多需要改进的地方，这难道不是一件好事吗？考试出现问题时，你表现出来的情绪不应该是沮丧和低迷。当你面对任何事情时，都应该心怀希望地去考虑问题，这样你的内心便能豁然开朗了。

爸爸不止一次地说过，思考问题一定要追根溯源，一定要找到解决问题最根本的办法，这就是思考深度的问题。只有挖掘再挖掘，才能使解决问题的路径通达深幽。才会做到融会贯通、左右逢源。而如何才能练成深度思考的能力呢？需要你在做某一个习题时，一定不要仅限于会做这一个题目，而应该去寻找并解决比这个题更难的题，再把它们之间的关系进行厘清。长此以往，深度思考的思维模式便可形成。养得根深方能叶茂，然后便是静等花开了。

"会当凌绝顶，一览众山小""独上高楼，望尽天涯路"，这些诗词讲的都是登高才能望远，到达最高顶峰，众山才显渺小的意思。只有上得高楼，才会看到路的尽头，你寻找的东西自然地呈现在面前了。儿子，你再回头想一下自己的学习经历，难道不正如上述所讲吗？当你参加数学竞赛的集中培训后，再去处理数学的基本问题时，便会有种轻松感，这是因为你站得高了。如何才能站得更高呢？需要你对疑难题目的解决之道要清晰透彻。你先要理顺此类题目的来龙去脉，然后再回过头看，你便感觉到，前面的问题是那么简单。面对任何问题时，如能坚持这种思考方法，相信你的思考能力很快就会提升到一定高度。站得高了，即使成绩偶尔有所下滑，心里也不会感到慌乱。

关于格局建立的问题。

说格局、说心胸、说视野，最终说的还是认知。找准认知的角度，能使你摆脱情绪的困扰，始终保持乐观的心态；觅得思考深度的良方，能使你脑清心明，这样人生路途便会顺达；建立起思考高度的大厦，方能使你眼睛清澈，能够轻松眺望远方，人生的路标便赫然在你的眼前了。

儿子，人的一生中会遇见很多人，读很多书，走很长的路，你应抱着怎样的态度来面对人生呢？对遇见的人要心怀感恩；要通过读书来沉淀自己的灵魂；始终行走在路上，让身后留下一路清风。

关于如何理解"机遇"的问题。

有句话说得好，所谓的运气就像沙滩上的金子，听说的人很多，但真正遇见的人却很少。我认为，对于机遇的理解可以是这样的：我们不是看到了机会才去努力，而是努力了才有希望发现机会。准备好自己，你能抓住的机遇才叫机会。儿子，思考问题的角度、深度和高度，会沉淀成为你人生格局的内容。如此，机遇便会追随它翩然而至了。

儿子，你要坚信，"你今天的日积月累，一定会变成别人的望尘莫及"。

2018 年 11 月 2 日

做含泪奔跑的强者

儿子：

见字如面。

我最近看了几期《舌尖上的中国》，感触颇深。节目中不仅有美食让人垂涎欲滴，还有美食背后的故事、现代数字科技所打造的色彩，以及编辑所撰写的优美文字，所有这些把人们带进了一个令人充满遐想、流连忘返的世界。在这一节目中，爸爸对煎炸和熬汤那两期情有独钟，看后深有感悟，对"煎熬"的理解更深了。我把这两期并称为"煎熬"。煎能上色，外酥内熟；熬能入味，汤浓肉烂。

三年的高中生活，到现在仅剩下不到七个月了。在这两年多的时光里，你经历了什么，爸爸心里非常清楚。记得你曾经说过，每一次考试来临之前，你的内心都是忐忑的，每一次考试之后，心里都是不安的。

儿子，沉思者要通过读书来沉淀自己的灵魂，要始终抱有成功的希望。有人因精神高度紧张几近崩溃，考试成为想要尽快结束的梦魇。

儿子，你还没有步入社会，还没有体会到人世间的冷暖和世事的沧桑。人们往往只会看你最后的结果。对于你们来讲，过程很重要，但是对于外界而言，结果更重要。你们的酸甜苦辣是没有人能够代劳的，如想成为人生的强者，就要亲自去体会这个过程。

我小的时候，早上 6 点就要起床，走四公里的乡间小路去学校，那时父母是没有时间接送的。到了冬天，早晨六点天还是黑洞洞的，心中难免会害怕。你爷爷就告诉我，"不要害怕，走着走着天就亮了"。当时我还小，不理解这句话的含义。现在想想，其中蕴含的哲理是那样深刻。

学习的过程又何尝不是这样呢？你只能一直往前走，你所迈出的每一步、付出的所有努力，都将成为你成功的积淀。

儿子，有句话讲得好，"你日积月累后所获得的成功，最后只不过是一次在领奖台上泪流满面的机会"。仔细揣摩后顿时有所感悟。你看，当成功人士站在领奖台上高举奖杯时，哪一个不是满含热泪？哪一个不是泣不成声？这泪水意味着什么呢？这是对以往艰辛付出的释放，是对不懈努力终有所获的宣泄。坚韧的毅力、坚决的心态、艰辛的汗水，这些最后终将淬炼成世上最美的笑容。

儿子，你一定要记住，在人生的道路上，真正的强者，不是没有流过眼泪，只是他们满含热泪却依然在奋力狂奔。

2018 年 11 月 4 日

语文试题的解答技巧

儿子：

　　见字如面。

　　这次回家，我们对你的学习状况及状态进行了分析，进一步明确了你的学习方向和应该重点突破的科目，并就语文试题的解答技巧与你做了简单的交流。因时间仓促，不能一一讲透，但爸爸还是想和你继续探讨一下。

　　爸爸曾经和你说过，碰到疑难问题时该如何思考的几个基本原则，不知你是否还记得。

　　原则一：复杂的问题要拆解，拆解到尽量独立的小部分，按照递进的逻辑关系将这几个部分厘清，再逐一解决。

原则二：遇到复杂、艰深、庞大的问题时，要强迫自己回归到问题的原点，回归到事物的本质，那里一定有最好的解读密码。这就是"归零哲学"。

原则三：充分理解矛盾论、统一论的概念。一切外在看似矛盾的东西，其实质都是统一的，绝不可将其完全地割裂。

以上三个原则你如能深入理解并熟练运用，解题思路必然能得到很大拓展。

人生如学问，学问即人生。无论是写文章还是探究自然学科的奥妙，和哲学的本源都是密不可分的。

因此，你在考虑问题时，切不可拘泥于小圈子，一定要远眺窗外，仰望天空。

2018 年 11 月 21 日

升学规划

儿子：

见字如面。

爸爸昨天知道了你的期中考试成绩，虽然不是太理想，但也在情理之中。你在暑假期间和开学后一直都在参加竞赛，学习状态还没有完全调整过来，能够取得这样的成绩也属正常。况且，此次考试只考了高一阶段的基本知识。因此，这次考试成绩的好坏并不能说明什么，但也一定要引起重视，要重新审视自己的学习状态和心态。爸爸今天主要想就具体的升学规划简单交流一下，下次放假时我们再进一步的探讨。

首先，看一下社会上对全国高校的分类以及我们应采取的策略。

以高考裸分成绩的标准来对全国高校进行分层的话，基本情况是：清华北大是第一梯队，分数线约在 690 分；华东五校①、人大、中国科技大学等高校是第二梯队，分数线约在 680 分；北航、同济、中央财经、上海财经、对外贸易等高校属于第三梯队，分数线约在 670 分。

对于这些学校，应该持有如下的态度：清华北大是我们的梦想；第二梯队的高校应该成为我们的目标；第三梯队是我们必须确保的底线。这就像是大家报志愿时经常讲的：冲一冲，稳一稳，保一保。

对于这三类学校，争取的途径也是不同的。对于第一梯队需要拼裸分和可能获取的加分（难度相当大）；对于第二梯队的高校，努力的途径有两种：一是拼裸分，二是要积极地去争取获得自主招生的机会，努力获得加分机会（难度很大）；对于第三梯队的高校，应该采取的策略是：一定要借力自主招生，得到加分机会，确保顺利升学。

我总结了一下，你的数学获得全省第二的名次，能够起到作用的目标学校有：人大、中央财经（省二加作文获奖）、对外贸易和西安交大。因此，在报名自主招生时，不仅仅要报华东五校，还要报这几个学校中把握比较大的一个。而具体去参加哪个学校的自主招生考试，则需要根据你高考后的感觉来确定。

其次，我想谈一下高考统考和自主招生的关系。

对于自主招生，我们不要给予特别的关注和期望。它对高考仅仅能够起到锦上添花的作用，不可成为孤注一掷的筹码。儿子，你付出那么多努力，最终一定要将自己的辛苦变成果实，这样你的努力才不会白白地浪费。因此，你一定要掌控好，不仅仅要规划自己的未来，更要把你

----

① 复旦大学、上海交通大学、南京大学、浙江大学、中国科学技术大学。

的优势发挥到极致。

在制定规划和目标时一定要实事求是，要做到心中有目标，但不可有压力，任何事情都是一样，如压力过大则容易失败，没有压力方可从容应对，并有可能超常发挥。

对于各科成绩所应达到的分数，一定要做到心中有数。

我估算了一下，如果想考到 670 分是很不容易的，要求你能做到：语文 120 分，数学 140 分，外语 135 分，理综 275 分。因此，优势科目你一定要保持实力，而劣势科目一定要有所提升。如做不到这两点，一切都将是水中月、镜中花。

最后，我想谈一下状态。

通过和白玉晨妈妈的交流，我才知道整个 10 月你都处于低迷的状态，期中考试后的假期里，我也没有询问考试情况。因为爸爸知道，从 7 月中旬到 9 月下旬，你已经持续学习了两个多月，并且参加了数学和物理的两次竞赛和两次标准化考试，身体肯定还没有调整过来。对此，爸爸十分心疼。

我一直在强调，竞技状态需要慢慢地调整，就像熬汤，要耐住性子。只有这样，味道才能醇厚而鲜美。用半年去熬一锅好汤，时间还是比较充裕的，爸爸相信你的能力，当下你只需要按照自己的节奏，在保持身心健康的情况下，走完最后的高中时光即可。

2018 年 11 月 23 日

第
69
封
信

粗心的本质

儿子：

见字如面。

你经常说的一句话是，这些题目太简单，因此便经常出错。人们也常常把这归结为"粗心"。说实话，对于你的这种说法我是非常反感的，哪有这样的道理呢？真的是粗心吗？所谓"粗心"的本质又是什么呢？爸爸前几天看了一篇文章，感觉对这个问题分析得非常到位，便将精要部分摘录下来，与你共勉。

判断"粗心"的标准通常有：

1."简单的，不该错的，考试做错了"——那就问问自己，熟练度够吗？

2. "原本会做的，考试做错了"——那就问问自己，基本概念真的清楚吗？

3. "审题错了，不是不会做"——那就问问自己，准确率够吗？比如平时做题力求一遍做对吗？

我们常常认为，平时做过的，考试就能做出来，其实并不是。必须通过所谓的"粗心"看到其背后反映出的问题。

粗心，是因为对知识掌握的熟练度不够。

什么是熟练度？可以想象一下我们成年人，做小学的计算题，每一题对我们来说都很简单，但如果在计时的情况下完成1000道题，却并不一定能做到全对。

解决办法：一道题目，至少要反复接触六次以上，并且每次都要思考，才会熟悉并产生记忆。

粗心，是因为对知识的基本概念不清楚。

有一些题，你认为自己是会做的，因为平时做对过，只是考试做错了。这很可能是因为只看过1~2次，有一个模糊的概念，很多概念的细节到底是什么，并未进行深究。在考试的时间限制和压力的情况下，人通常本能地选择自己大脑中最先搜索到的记忆存储，而这个记忆和认知很可能是错误和疏漏的。

解决办法：试着去讲解题目，如果能顺畅讲解，表示确实理解了。在讲解过程中，也会不断发现自己知识上存在的漏洞。

粗心，是因为习惯有问题。

很多考生写作业不认真、不检查、不喜欢打草稿、不肯写步骤等，这也是习惯的问题，书写习惯不好，也会出现一些粗心的问题。还有的考生做题喜欢跳步骤，不但容易错，还会导致按步骤计分时得不到应该得的分。

解决办法：如果做数学，可以在草稿纸上先画图，画图能使自己的思维更加清晰。另外，有的考生喜欢对同一题给出多种算法，其实这也可以帮助检查出一些错误。

粗心，是因为做题准确率不高。

如果平时做事力求"一遍做对""每遍都提升"，关键时刻才有可能一次做对。这需要用心投入，反复多次后才能成为本能。如果做错了，觉得没什么关系，就会出现总是做不好的状态。另外，准确率还和"做题量"以及"题目类型"有关。

解决办法：每次做题都要认真对待，提高准确率，争取会做题，建立自己的错题本。也可以给自己制订训练的计划。只有每次认真分析错误原因，才能真正提高成绩。

粗心的危害不言而喻，每次考试成绩出来后，总有很多同学懊悔不已，感觉"无颜见江东父老"。分析试卷后得出结论：又是粗心惹的祸！而且粗心这个坏毛病貌似由来已久，总也改不掉。记住，粗心只是一种不好的习惯，一定能改掉！只是没有找到正确的方法而已。我总结出几招，只要你渴望彻底改掉粗心的坏习惯，就可以试一试。

解决粗心毛病的六个好习惯。

一、慢慢读题

拿到试卷后，读题速度要放慢，尤其是题目较长时，更要慢读、细读！一边读，一边思考，同时把重要的信息记录下来。比如，把已知的数据标示在题目的图上。切记，题目没有读完，不能妄下结论。

这样一遍读下来，有用的信息已正确进入自己的大脑，做题时就能正确运用所有的已知条件。

二、演算工整

解答数学题时，很多计算过程都会在草稿纸上进行。如果遇到复杂题目，需要根据已知条件列出很多方程、计算式，再仔细观察这些方程，找出隐藏的关键信息，才能解出题目。如果自己草稿纸上的计算过程比较整齐，干净醒目，发现已知条件中暗含的关键信息就比较容易，更不会发生挪错数字、弄错符号等情况，解题信息便一目了然！

三、回头检查

做完一道题后，根据自己已有的经验，结合本题的结果，判断一下结果的合理性。比如：解出来发现得数很难看，或者解出来所要求的时间竟然是负值，就需要仔细检查一下之前的计算过程，这时，干净整齐的草稿纸就发挥了重要作用——方便检查！

四、深挖根源

有些题目，老师只要稍稍一点拨，考生就知道正确的解题方法了。这些看似粗心导致的错误，其实是概念不清晰。这时候不能一改了之，而是应该抓住小问题不放手，深入挖掘根源，通过运用类比、对比等方法，把相关的知识统统过一遍，彻底理清楚。

五、专心做题

平时练习题目，作业要重视，把它们当作考试题目看待。做题的时候先把电脑、MP3 关掉，集中注意力，快速地完成，之后再去听音乐、休息。慢慢养成专心做题、专注做事的习惯，粗心自然就会远离你。

六、信心、决心、耐心

粗心是一种坏习惯，每个人经过努力，都能改掉这个坏习惯，需要的是自己树立信心、下定决心、保持耐心，不懈坚持，这样，慢慢地就能把这个坏毛病改掉。

儿子，记得你曾经说过，一定要在前面的基础题目上节省时间，以便有充足的时间去应对后面的难题。这要求做简单题目时不仅仅要比拼速度，更要讲精准度，对于复杂题目的解答则要求你对知识掌握到一定的高度和深度。

如此看来，高考是一个人全面素质的比拼，不仅要具有做题的精准度和速度；还要具备知识的高度、深度和宽度，更要拥有温度（始终如一的坚持）和硬度（过硬的心理素养）。这些都需要慢慢地磨炼和积淀。

儿子，以后再考试时，你一定要克服"简单题目"的陷阱，我可不想再听到关于"粗心"之类的理由。

2018 年 11 月 28 日

第
70
封
信

基础的重要性

儿子：

见字如面。

今天开完家长会回到家已经六点多了。沉思良久，感觉还是应该给你写点东西，把今天的些许感受告诉你，以便你在以后的学习中能够客观地认识自己，希望你能有针对性地做出改变，把自己调整到最佳状态。

通过和你班主任的交流，我知道了你目前的状况。今天见到你，还是不错的，没有受到此次考试失误的影响。表明你的心理素质已经有了很大提高，但是你对自己的缺点和不足一定要有清醒的认识，这样才能不断地进步。

这次考试成绩不理想，确实有一定的客观原因，但你不能因此忽视了自身的不足。暑假的劳累是外在因素，但对于自己的内因也要有一个清醒的认识。你回想一下，高一时，你并不如肖××、李××、王×优秀，而且和他们的差距还很大，这是事实。这次王×考得不错，得了全市第二名。我们也曾探讨过他的特点是基础的题目能够做到不出错，能做到这一点真的很了不起，而这恰恰是你的不足。这次考试，李××的成绩也很不错，这也充分说明你高一的基础知识存在着诸多的"坑"，需要你一个个地去填补。

班主任对你的期望是清华北大。爸爸知道凭借裸分冲击这两所学校的难度非常大，但是我相信，只要你能克服基础知识的短板，还是有希望的。爸爸说过，不要急，按照自己的节奏前行。同时你要对自己的短板做到了然于心，要坚决克服。毋庸置疑，想要裸分达到690分以上，就意味着你不能出现任何失误，你不仅要能克服难题，还要完全掌控基础知识。

儿子，以前的努力虽取得了些许成绩，但这些奖项也只能为你的高考锦上添花，却不能起到一锤定音的作用。目前，冲击清华北大的路有三条：一是北大的自主招生；二是清华的标准化测试和冬令营；三就是裸分了。但是你要明白，无论走哪一条路，你都不会轻松。但是，即使有一丝希望，你都要尽全力去争取。

儿子，基础、重点、难点，是你整个复习进程的三部曲；规划、状态、心理是你稳步前进的三要素。当下需要认真对待的便是基础，既然你已经做好了规划，就应该按部就班、保质保量地完成每一个阶段的任务，切不可眼高手低、好高骛远，更不能舍本逐末、急功近利。

儿子，高手之间的较量是不允许出现任何失误的。点滴小错便有可能将你送进"深渊"，偶尔的心不在焉、得过且过，就有可能令你抱憾终生。人生虽不见得要风起云涌、波澜壮阔，但一定要做到无怨、无悔、无憾。

　　你一定要尽快调整好状态，争取期末考试发挥出正常水平。这是你必须完成的任务，也是给自己定好位的关键之战。

2018 年 12 月 2 日

第
71
封
信

名校的价值

儿子：

见字如面。

临近元旦了，离高考也越来越近了。爸爸看到了你的努力。你现在虽然紧张，但还是完全能够掌控局面的，这一点爸爸很是欣慰。无论是学习还是工作，都要做到心中有数、了然于心，这很重要。12月，爸爸给你报了北大的冬令营和清华的挑战赛，也深切地感受到你对名校的渴望。是啊，名校是多少人梦寐以求的。人们之所以向往名校，是源于它所带来的永恒价值，而这种价值会对你的整个人生产生重大的影响。今天我们就谈一下这个话题。

在这之前，先看一则消息。今年，四川大学吴玉章学院，有一个宿舍的六名男生集体被保研名校，成绩优秀到让人尖叫！六人共拿到了17个国内名校的保研 offer，经选择后，其中一人放弃了清华 offer，准备出国。剩余五人中，两人保研清华，一人保研北大，一人保研中国科学院大学，一人保研到武汉大学。他们中有四人连续三年专业成绩保持第一，有两人获国家奖学金、有两人获唐立新奖学金……

四川大学是国家"985 工程""211 工程"重点建设高校，而吴玉章学院更是川大优秀学生的聚集地，在此环境下，你不想进步都难。一流的大学汇集了精英人才，而精英人才又创造了良好的学习氛围，二者相辅相成。这可以看作名校的价值之一。

从更深层次上来看，名校和非名校最重要的差距主要不是体现在收入的不同，更多的是体现在思维方式与做事标准的重大差异。这一点，从名校的校训里就可以看出些许端倪。这是我摘录了几个大学的校训。

清华大学：自强不息，厚德载物。

南京大学：诚朴雄伟，励学敦行。

复旦大学：博学而笃志，切问而近思。

从这些校训中可以看到，这些名校不仅强调了做学问、立志向的重要性，更要求学子做到"知行合一"和"以德为本"。这些启心励志之言会成为你开启人生道路的明灯。梁启超曾言，到大学去学什么？智、仁、勇。爸爸对此理解为，智为学识，知识也；仁为良知，人之性情也；勇为精神，人奋斗之志也。名校的环境及教化对学识的增长、人性的教化、志向的培养都将起到积极的作用。

儿子，爸爸知道你的梦想，也知道你一直在追求梦想的道路上奋进。爸爸想要叮嘱的是，首先要"遵从内心且相信自己"，在此基础上，把

"奋进之精神、坚定之毅力、行进之方法"进行融合，最终使其达到和谐统一。

如此，目标可达。

2018 年 12 月 20 日

为什么而读书？

儿子：

　　见字如面。

　　知晓了你的标准化考试成绩和月考成绩，发现你的状态正在稳步地回升，心中甚慰。考试已经成为常态，成绩有所起伏也是正常的。如果成绩一直能稳定在某一个层面上，就说明，你并没有找到自己的问题，或者说找到了问题，但是没有解决。因此，在标准化考试中考出了自己的水平，在期中考试中又出现了纰漏，这也属于正常现象。今天，爸爸想和你探讨一下读书的目的是什么，为什么而读书。

爸爸儿时，你爷爷告诉我，"你一定要努力读书，念好了是为了你自己"。正是基于这样的想法，他以一种坚定而决绝的态度把我和你两个大爷都供了出来。现在我仍然相信他的说法，我坚信，教育是投入最少、收获最大的投资，它不仅能带给你物质上的收获，还能给予你精神上的愉悦。现在再回味你爷爷的话，我终于体会到了"为了你自己"的真正含义。读书只有到了一定程度，才能做自己喜欢的事，才能懂更多的道理，才能有开阔的眼界，才能脑洞大开，才能不断地前行，才能有属于自己的人生。

爸爸曾经看过这样一篇文章《不要和与你不在一个层面上的人交谈》，我看后大有所悟。我们想提高自己的层次，最好的办法就是上名校，优质的大学会带给你好的环境、好的资源和好的氛围，在这种学习环境中，你的层次自然就提高了。因此，争取上名校应该成为你当下读书的根本目标。

记得上次回家时，你说，在上次清华标准化考试的数学物理附加试题中，前面三道题你都不会做，但是你并没有慌乱，而是非常沉稳地选择先做后面的试题。你能这样做，说明你调整心态的能力已经非常不错了，爸爸听到这些，心里真的很高兴，心态的锻炼往往比一两次考试的成功更重要。爸爸就此做出判断：你这次考试应该没问题。

儿子，你初中升高中时，取得了686分的好成绩，你后来对此进行了总结：之所以考得好是因为你九门学科的选择题全做对了。在大型考试中，选择题无一出错，这应该是一件令人惊叹的事情。现在的试卷，选择题的分数会占到总分数40%以上，英语试卷的选择题应该能达到60%，如果能够把这些分数牢牢地抓住，就能为你在考试中取得好成绩奠定坚实的基础。基础的掌控至关重要，基础不牢，地动山摇！

儿子，外语和生物是你的薄弱学科，按照规划，你得拿出更多的时间来温习这两科。上次周考，你的外语接近140分，这次生物虽然考的题目有点偏，你仍然取得了班级第一的名次。这说明什么呢？说明你是有实力的，只要继续努力，不断调整，还是能够实现目标的。因此，一定要相信自己。

　　儿子，不必心急，美味需要仔细地准备和精心地烹调。你心里一定要清楚，你为什么而读书，因为它决定你人生的走向。

2018 年 12 月 23 日

第
73
封
信

写作之道

儿子：

见字如面。

最近天气不好，一定要注意身体。这次爸爸想和你交流一下关于写作的问题。上次回家，说到作文的写作时，你面露难色，作为一名理科生，在保证数理化成绩优异的同时，再要求你把文章写好，这对你确实有些难度。

我帮你找下路径。

第一步：购买高考作文书籍，研读高考优秀范文，了解当前高考作文的出题思路和特点；

第二步：寻找写作的源泉，完成素材的积累；

第三步：将我近几年来积累的素材进行整理，帮助提高你对世事的认知水平。

爸爸认为，一篇好的习作可比喻成一棵"杏树"，枝头顶端的红杏是"一点睛"，让人一看便知此树为杏树（主题鲜明，一眼见之）；健硕笔直的主干为文章之立意（挺直入天，直抒胸臆）；修剪有型的枝干可看作文章之架构（层次分明，脉络清晰）；翠绿的树叶可看作文采（枝繁叶茂，飒飒作响）；深入地下的根系便是豹尾（营养之源，支撑之本）。

儿子，愿此文对你的语文写作能有所帮助。

2019 年 1 月 11 日晚

第
74
封
信

你不是一个人在战斗

儿子：

见字如面。

虽然我们昨天见了一面，但我心里还是惴惴不安。怕你压力过大，又怕你意识不够，努力不到位。爸爸现在做的很多事情都是为了给你提供些许帮助，帮你建立信心，减轻压力。但是，正如张洪生教授所讲，现在只需要再努力一下，再逼自己一把，只有这样，才会得到自己想要的结果。

"读书是人世间吃苦最少、收益最大的事情，不信，你看看那些不读书的人为了生活所付出的代价。"

儿子，爸爸知道你已经努力了，但是，你一定要清楚，你现在的水平距离你心中的梦想还有一段距离。最后 4 个月，需要再挺一下，再逼自己一把。

"聪明人下的都是笨功夫"，你们最后拼的是语文和英语，是作文和单词量，这是很清楚的事情了。在作文上我帮你做一下准备工作，将需要准备的资料帮你整理一下。儿子，你一定要明白，假如高中是一场马拉松，最后的这 5 公里，你并不是一个人在奔跑。

挺住便意味着胜利，为了最后的 5 公里，我们需要坚持，坚持，再坚持！

2019 年 1 月 13 日

写在期末考试之后

儿子：

见字如面。

我知道这两天你心情不好，希望你能尽快从考试失利的阴影中走出来。其实这次考试的收获还挺多的。儿子，要记住，日常考试的目的是为了检测出你自身存在的问题。从这次考试的结果来看，目的已经达到了。接下来的问题是，该如何解决它。

这次考试的结果基本反映了你目前各科的情况，理科成绩优秀，语文和英语成绩差。对于语文和英语的问题，你心里原本就清楚。现在，盖子已经揭开，已经"无路可退"了。试想，如果按照预期，语文考120分以上，英语考140分以上，那会是一个什么样的结果？这次，你的语文和英语考得如此之差，但总分并不是很低，这也正好说明理科成绩是不用担心的。这种情况下，需要重点突破的问题就很明确了。这难道不是好事吗？！今天这封信，爸爸主要想和你探讨三个方面的问题。

第一，应该具备怎样的心态？

儿子，你心里一定要清楚，北大的自主招生于你而言，只是多了一个路径而已，不能成为前行的负担，更不能成为心里的羁绊，否则这条路径宁可不选。现在你也不用过多考虑外界因素，只要做好自己的分内之事就可以了。

儿子，你也听其他人说过，有些学生由于参加竞赛耽误了很多时间，这样势必会影响正常学习。你在数学上花费的时间和精力过多，也势必影响你其他学科的复习。但是，你并非一无所获。收获之一是数学上的自信；收获之二是数学的省二名次，它为我们进入更好的大学增加了砝码。在这种情况下，你的压力应该比其他同学的小才对。

爸爸想告诉你，一定要放宽心态，不要有任何焦虑和顾虑，每个人都会面对"不是拥有的太少，而是想要的太多"的问题。"想要的更多"应该成为前进的动力，而不是前进的压力和负担。

第二，寒假里，应该做什么？

我先说一下我的想法。借助这次济南培训的机会，一定要利用寒假的时间，针对语文和英语进行一次集中的突击。爸爸会一直陪着你，陪着你学习、陪着你总结、陪着你改错。分析出错的题目，汇总你目前的做题方法，择其善者而留之，择其不善者而弃之；寻找出错的原因并列出改正计划，再逐条落实。

关于作文，我帮你整理出几种类型，关于素材的积累，爸爸已经整理完毕，我们一天学习一个类别，丰富你的写作经验，然后再写几篇作文进行检验。

第三，在以后的几个月里，时间该如何分配？

一定要增加语文、英语两科学习的时间，缩小在数学上的时间。缩小并不是舍弃，还要保持理科做题的经常性。比如，每两天做一套语文和英语试卷，每四天做一套数学和理综试卷。这样做的主要目的是，在加强薄弱科目学习的同时，保持优势科目的润滑度。

儿子，寒假即将开始，但是对你而言，却是另外一种坚持的开始。爸爸始终陪着你，我们一起去克服、一起去面对、一起去前行。相信一定能挺过去，你想，寒冬的"三九"天气马上就要结束了，春天还会远吗？

儿子，拿出镜子，每天对自己笑一下，没什么大不了的。

2019 年 1 月 22 日晨

心中的桃花源

儿子：

终于开学了，昨天送你到学校，感觉大家心中的压力都已经到了极限。而对于你而言，则是在经历了 10 天紧张的外出学习，仅仅经过短暂的休整，又开始了新的征程。真可谓"踏平坎坷成大道，斗罢艰险又出发"。在经历了无数场酸甜苦辣的考试后，现在应该迈着坚定而轻盈的步履走进心中的桃花源。

陶渊明的《桃花源记》说明了如何寻找到心中那片圣地的路径。首先要"缘溪行，忘路之远近"，你一定要路径正确，不怕路途遥远；"忽逢桃花林"暗含"桃花源"

并非刻意寻之，应有"功到自然成"之意；而"不足为外人道也"，则暗喻它是世上最安静的一隅，应是自己内心所独享之境地。

在高考"百日倒计时"即将来临之际，爸爸再叮嘱你几句，以助梦成。

第一点，关于自知之明和贵在知足。

老子《道德经》言："知足不辱，知止不殆，可以长久。"在古希腊智慧神庙的大门上也写着这样一句箴言："认识你自己。"古希腊人将其奉为神谕，认为这是最高智慧的象征。客观地认识自己，对自己的长短板能够进行正确的解析，方能做到有条不紊，不慌不乱。

对自己有了清醒的认知后，还要有知足之心，"人之所以痛苦，不是因为你得到的少，而是因为你想要的太多"。人有了知足的念头，才不会过分追求那些不属于自己的东西，也就不会再自寻烦恼了。

儿子，爸爸希望你能放下包袱，轻装前进。

第二点，关于福祸相依和物极必反。

"福祸相依"，简短的语言，却深刻地说出了福祸之间的本质关系，任何繁荣背后都蕴含着危机，而危机本身也意味着解脱困境的希望。祸患突袭时要经受得起，把持得住；幸福来临时，更要冷静对待，淡然处之。

而"物极必反"讲的是要用辩证的关系去看待事物，事物发展到极限就会向相反的方面转化。做任何事情都不要过于追求完美、追求极致，当一件事物完美到极致时，必然会走向反面，"否极泰来"讲的也是这个道理。

儿子，期末考试语文阅卷标准严苛，英语题难度突然加大，这使得你这两科的薄弱点一下子暴露了出来。这次考试从总体上来讲是失利的，此可谓"祸"，也正因如此，你确定了寒假期间补习语文和英语的计划，此可谓"福"。

爸爸知道，你心里对这次期末考试是那样重视，你渴望考好，但这恰恰着了"物极必反"的道，想得到的心一旦达到极限，就会让你的心情紧张，这样你就不能以平常心来应对考试了，反倒容易失利。因此，你只有做到"心如止水，顺其自然"，方能做到正常发挥。

第三点，关于慎终如始和始于足下。

"慎终如始，则无败事。"

"合抱之木，生于毫末；九层之台，起于累土；千里之行，始于足下。"

任何事情，如能做到对待结尾像对待开始那样慎重，做到有始有终，就不会轻易失败。因此，无论发生什么事情，我们都要报以"桃李不言，下自成蹊"的谦逊和"如临深渊，如履薄冰"的谨慎，一如既往地坚持下去，不忘初心，方得始终。

儿子，你一定要记住：所有的苦都不会白受，所有的泪都不会白流，所有的不堪都自有落场，只待水到渠成。

古人云"谋事在人，成事在天"，又告诉我们"尽人事，听天命"，还讲到"但行好事，莫问前程"。如果我们对于自己所做的事情都能够做到尽力而为，无论出现任何结果，都是对自己最好的回报。

儿子，桃花源是那样美丽，"夹岸数百步，中无杂树，芳草鲜美，落英缤纷"。它不仅是一处安详惬意的生活之地，更是一个人安放灵魂的精神家园。它没有神秘的入口，心若安静，思若凝聚，步若不辍，岂能不至？

2019 年 2 月 21 日

无心而为，顺其自然

儿子：

见字如面。

转眼你开学已经两周了，你打电话说状态还好，我心甚慰。你说理综的第一次考试便给你来了一个下马威，考得极其惨烈，令人不堪回首，我问了一些学生的家长，他们都讲到，春节过后都会有这样一段不适应的情况，不必着急，慢慢调整即可。你又说，这次外语终于突破了140分，爸爸真的替你感到高兴，你的付出终于有了回报；你还讲，语文成绩仍没有太大的起色。这也无妨，毕竟语文水平的提高并非短期的补习就能够见效的。

今天爸爸不想和你谈具体的科目，只想和你聊一聊，在最后的三个月里，应该着重做些什么？我一直在寻找谈论这个话题的最佳时机。今天看了你班主任在微信中发的一篇文章，结合你的现状，通过你身边的实例来说明这个问题，应该会更有说服力吧！

这篇文章的主人公是你的一位师姐，她去年考上了复旦大学医学部。这篇文章讲述了她在高考前最后3个月的经历，重点讲了高考前应达到的状态。而这，也正是现在的你应该学习和追寻的，我将这篇文章的重要部分简述之。

"突然加大难度的数学题和来势汹汹的理综，连续给自己重击。"接着"一模二模接连失手，数学理综轮番打击，自己面临崩溃的边缘。"别无选择，唯有"自己努力地把自己从崩溃的边缘拉回，而后重新反思自己的刷题方法和考试心态，鼓起勇气硬着头皮继续走下去"。

"把扑面而来的焦虑和挫败视为高考这条道路上的应得。这段时间前所未有的挫败感反倒使我的心态修炼出了前所未有的平静和从容。"

"我用了高三整整一年的时间努力追求平静的心态，终于在最接近高考的时候来临了。"

"正是得益于最后时刻的平常和平静，我的高考发挥成为自己高三下学期以来所有大考中的最佳。"

儿子，你这位学姐最后几个月的经历是每一位高三学子的必经过程：连续不断的重击—心理崩溃—切实面对，重拾信心，做出调整—将挫折变为平常事。在这种情况下，将心境修炼到致静状态。

老子在《道德经》中写道"无为而不为"，此处的"无为"指的是"无心而为"。一个人只要做好自己分内的事情，最后便能各就各位，顺势而为了。

如老子所言，"顺其自然"应该成为每一个人所信奉的人生最高准则。

儿子，在最后的 3 个月里，你若能达到"无心而为，顺其自然"之状态，则大道近矣！

2019 年 3 月 9 日

学习应遵循的准则

儿子：

见字如面。

你在家待了 30 小时便返校了，返校的当天中午获知了一练的成绩，你们学校的总体成绩依旧惨淡，但对于你个人来讲，却有了明显的提升，虽然仍有个别学科发挥失常，但薄弱科目提升明显。这说明，最后制定的复习策略是正确的。只要认真面对，足够重视并强加练习，弱势科目肯定能够得到弥补和提升。现在离高考已经不足 80 天了，爸爸今天想和你谈一下以后学习中应遵循的准则。

上海一家律师事务所的所训是：极简、极致、无我。爸爸在此基础上又完善一下：极简、极致、无我、至善。我想，如果能拥有这样的状态，则高考无忧矣。

关于极简。

简约是一种美，极简就是把繁杂的事情简单化，以简驭繁，"大道至简"讲的就是这个道理。现在的高考考的不仅仅是你对知识的掌握程度，还有做题速度，你仅仅会做题还不行，还必须在最短的时间内高质量地完成。如何才能达到这种水平呢？要求你在平时的练习中要去寻找解决问题的近路，用最简洁的思路去完成题目，如能做到这一点，会为你节省更多的时间。因此，寻求极简的解题之道是你首先要做到的。

关于极致。

你在平时练习时，一定要严格要求自己，每一道题的演算过程都要按照考试的要求，做到精准细致。就拿这次考试来说，你的数学题大体上都做对了，但是仍然被扣掉了 3 分，我猜你是在步骤上丢了分，说明你在答题的过程中存在着严重的纰漏；这次语文作文要求写一篇演讲稿，按照演讲稿的格式来写，你把这一点也忽略掉了，导致你的作文被扣掉了 2 分。还有英语作文，你的作文第一段将一个常见的英文单词拼写错误，导致作文分数偏低。

儿子，你虽然会做题，但答题的细节处理粗糙，这样的失分是令人痛惜的，你每科丢一些分，累计下来就多了，很有可能败在这些小细节上，所以，你现在应该沉下心来，去完善细节。

关于无我。

在这段时间里，你不要考虑任何和考试无关的东西，要达到"心之专一"的状态。

关于至善。

至善包含完善、完备的意思，要力求将各个学科的知识体系和对关键性问题的认知完善、统一起来。

寻求极简之路以求速度；练就细琢之功以求完美；追寻静心定神以达忘我之境界；最终达到至善至美之终点。

最后，爸爸借用尼采的一句话，给予你坚持的力量：唯有每日起舞，才不会辜负生命。

2019 年 3 月 20 日

第
79
封
信

上帝之窗

儿子：

见字如面。

随着高考日益临近，每一位学子都发起了最后的冲刺。以前爸爸写过一封《你并不是一个人在战斗》的信，爸爸体会到，每一件事的完成都是那么不易。最近一段时间，我几乎将一半的心思花在了自主招生上。

有这样一句话："上帝给你关上一扇门，就会同时为你打开一扇窗。"这句话有点类似于《后汉书·冯异传》中的"失之东隅，收之桑榆。"它告诫人们遇到困难或险境，不必患得患失。

此前，爸爸几乎对所有高校 2018 年的自主招生简章都进行了认真的研究，从学校的情况到报名学校所要求的奖项，从自主招生和综合评价的区别到各个学校的专业限报数，等等。可以说，我已经做足了功课。然而，随着 2019 年各高校招生简章的发布，我原来所做的一切因为教育部的一纸文件都成了泡影——几乎所有学校的报名条件都要求获得过省一等奖。这意味着，你全省第二的成绩根本不会起到任何作用。也就是说，今年的自主招生和你无缘了，弄清楚这些后，爸爸感到无比失落。

正当我感到已无任何希望时，你打来了电话，"爸爸，我获得了北大 2018 年暑期营的'优秀营员'称号，是北大通知的学校。"听到这个消息，爸爸忽然感觉又被打了一剂强心针，感觉心中那扇即将关闭的大门又有了一指缝隙。我的眼前浮现出了你不顾酷暑外出参加数学培训班的样子——离家四十天，爸爸去看你，你的依依不舍；泪眼蒙眬中，爸爸的眼前浮现出你独自去北京参加夏令营的影像——为了节省时间，自己拖着非常沉重的拉杆箱，蹒跚着踏上火车；爸爸还依稀记得，你在济南参加培训时，为了学习方便，没有住在家中，当我看到你舍不得花钱、住在潮湿阴暗的小旅馆里，心中满是酸楚。

为了准备你参加学科营的各种材料，爸爸成为你学校办公室的常客了，我在外围所做的一切，无非是想给你信心和力量。

儿子，你凭借自身的努力，又为自己打开了一扇希望之窗。窗户推开了，梦想的庄园不就在眼前吗？

2019 年 3 月 30 日

第
8○
封
信

自身的修悟

儿子：

见字如面。

此时，二模考试的最后一场正在进行，爸爸以这种方式陪伴你完成本次考试。或许唯有如此，才能让我摆脱对你的牵挂。

儿子，越到最后，越要柜信自己，最后的结果会给你一个回报，所有的努力和付出都会在最后汇集成那束梦想之光。

爸爸还希望你能做到如下三点。

其一为"醒"。

要时刻保持清醒的头脑，不仅要做到"脑清目明"，更要"身劳心逸"。

其二为"素"。

即使"天塌地陷，惊雷滚滚"，也要保持一颗淡然之心。正所谓"宠辱不惊，闲看庭前花开花落；去留无意，漫随天外云卷云舒。"

其三为"豪"。

就像军人上战场一样，你一定要有"胸中满豪气，平吞万顷苍茫；脚底生雄迈，飞渡千里暮霭"之气魄。只有这样，你才能拥有一览众山小的气度。

儿子，一切皆须面对，在你漫长的人生道路上，高考只是一次小小的历练，我坚信，你已经做好了充分的准备。

2019 年 4 月 25 日

第
8**1**
封
信

解决问题的根源

儿子：

见字如面。

今天爸爸读了一篇关于成长的文章，深有感触，我在此将文章稍加修改，希望给你带来一些启示。这篇文章讲的是三个理论：蘑菇理论、大象理论和火鸡理论。

一、蘑菇理论

蘑菇长在阴暗潮湿的角落，得不到阳光，也没有肥料，自生自灭。待长到足够高的时候，人们才能注意到它。

其核心理念是，一个人在成长过程中，如果不能扛过暗无天日的潜伏期，就不可能有破茧成蝶的过程，实现凤凰涅槃的蜕变。

其核心价值是，一个人在成长过程中，一定要不断磨炼自己，终日乾乾，而后一朝花开，惊艳世间。

二、大象理论

大象通过这样的方式来求偶：它们利用长长的鼻子向远处发出呼唤，令感知能力灵敏的异性大象接收它们的求爱信息，从而准确无误地找到配偶。

其核心理念是，只有尽可能多地发出自己的信息，多做尝试，才会增加成功的可能性。

其核心价值是，有些事情，你只有勇于尝试，并一直坚持下去，才能取得一个好的结果。

三、火鸡理论

有一只公鸡个头高大，它觉得自己是群鸡的王者。但其他鸡却不以为然，总想和它一较高下。有一天，来了一只火鸡，个头巨大。公鸡一看到火鸡，立即被吓跑了。

其核心理念是，你只有优秀到令别人望尘莫及，人们才会对你心悦诚服，承认你的强大。

其核心价值是，你只有让自己变得更优秀，才能引起他人的关注，才会改变他人对你的看法。

这三个理论所蕴含的道理：成长，需要忍受煎熬，耐得住寂寞；成功，需要不断尝试，不断纠错。自己不够强大，才是人生苦难的根源。

2019 年 4 月 2 日

我们只是一只蜗牛

儿子：

见字如面。

昨天二模的成绩出来了，你的成绩不理想。究其原因，是因为你的理综出现了重大失误。否则，你的成绩不会那么差。这次考试提了一个醒：不仅要在知识掌握上下功夫，在考试方法和心态调节上也需要认真思量。你考完后告诉我，你对这次考试很重视，我当时的感觉就是"坏了，以这样的心态，怎么能发挥出正常水平呢？"今天爸爸想和你谈一谈，应该以怎样的心态去面对最后的考试。

俞敏洪《平凡的日子与伟大的人生》的演讲中，讲到这样一段话：能够到达金字塔顶端的只有两种动物，一种是雄鹰，靠自己的天赋和翅膀飞了上去；还有另外一种动物，也到了金字塔顶端，那就是蜗牛。蜗牛肯定不会一帆风顺地爬上去，它一定会掉下来，那就再爬。如果蜗牛能够拥有不怕掉下来、继续往上爬的毅力，那最终它所看到的世界，跟雄鹰是一模一样的。

儿子，一定要对自己的能力保持清醒的认知，你不是雄鹰，没有腾空而下直接站立塔顶的能力。你只是一只蜗牛，在向上爬行的路上看不到金字塔的顶端，只能一步一步地往上爬。

儿子，我不止一次地和你说过关于心态的话题，如果心态乱了，一切就都乱了。越怕输，越会输，这时你不是输在知识和能力上，而是输在心神不宁上。你回想一下，你的进步已经很大了，高三之前，你和某某同学之间的距离可以说遥不可及，现在你们已经并驾齐驱了。另外，北大是你的梦想，要抱着拼一拼的心态去尝试的，但是，这绝不能成为你的负担。如果你发挥正常，上 670 分还是有把握的。即便是这个成绩，你能上的学校也不差啊。因此，现在你不要考虑结果，只管按部就班地去学习，认认真真地做好每一份试题，做好每一次总结；找到症结，加以改正。

儿子，清华大学的教授说过，"自主招生只是锦上添花，如果没有高考好成绩的这段锦，那花是无处可添的"。爸爸感觉到了，你现在已经把重点放在了语文和英语上，但，数学和理综也绝对不可轻视。不能顾此失彼，否则会得不偿失的。

理综成绩上的重大失误一定要找准原因，然后在最后的练习中将其克服。如果是知识点有遗漏，那就抓紧搬出知识体系树，按照科目的知识体系迅速查找出漏洞并进行弥补；如果因为科目的考试时间没有掌控好，那就在以后的练习及模拟中，找准各个科目具体的时间分配，形成相对稳定的做题模式；如果因为被一道难题卡住而打乱了自己的节奏，那就是自己的做题方法不对了。遇到不会做的题一定要先越过去，千万不能死磕，一旦死磕，磕掉的不仅仅是时间，还有信心。允许难题不会做，允许出错，但不能允许做题方法出现严重失误，不允许因为粗心而失分。

儿子，在如此紧张的考试中，成绩有所起伏是正常的，但，每一次的跑偏必须立即纠正过来。无论最后的结果如何，爸爸妈妈都能够接受，因为我们都已经拼尽了全力。当我们多年以后再回望这段经历时，能够无怨无悔，就足够了。

2019 年 4 月 29 日

已成人，定成事

儿子：

　　见字如面。

　　这个假期将是你高中三年的最后一个假期了，返校后你即将踏入考场，这个时候爸爸想和你聊聊，希望你能放下包袱，以一种无所畏惧的心态走进考场。三年来，爸爸看到了你的成长，看到了你的付出和进步。每当闲暇沉思时，你这三年来拼搏奋进的点点滴滴在我的脑海中不断地涌现出来，而这些片段也将成为你人生成长的积淀。

　　从高一上学期每次放假返校时的依依不舍到高三下半年对于不放假的习以为常，爸爸感受到了你心智上的成熟。

　　无论是去泰安参加作文比赛决赛，还是假期在长清参加数学辅导班，爸爸感受到了你不懈的努力和对进步的渴望。

　　高二暑假你离开我们，在酷暑中接受长达 40 天的数学魔鬼培训，爸爸感受到了你坚强的毅力和超凡的忍耐力。

　　独自去北京参加夏令营，独自坐火车来去，这让爸爸意识到，你已独立并且具备了独闯天涯的勇气。

　　你参加数学竞赛后毅然决定再参加物理竞赛，在备战时间仅仅一周的情况下获得物理竞赛三等奖，爸爸看到的是你在面对重大选择时的果敢和勤勉的学习态度。

　　大年初二便送你去济宁参加培训，爸爸从你无怨的眼神中看到了你为了梦想砥砺前行的刚毅和笃定。

　　无论是因参加数学和物理竞赛耽误时间过多导致考试成绩下降，还是一模、二模成绩的起伏不定，你都没有灰过心，而是迅速调整状态，积极面对，爸爸看到了你的坚强和执着。

　　当你意识到自己在语文和英语上有短板，勇于面对并且查缺补漏，爸爸看到了你的从容和淡定。

　　儿子，一切付出皆有回报。三年来，获得的成绩斐然。你凭借自己的实力获得两项数学奖、两项语文奖、一项物理奖，并且通过了北大自主招生和中国科技大学综合评价的初审。这说明什么？说明三年的苦没有白吃，三年的累没有白受，说明你是有实力的。

　　儿子，现在的你，内心不仅要有花开花落的恬静，还要有云卷云舒的惬意，一切都将顺利，一切终将如你所愿。

2019 年 5 月 25 日

你的背影

儿子：

见字如面。

你的最后一次假期，在你到家前，我已经为你做好了一切准备——你喜欢吃的东西；夏天驱蚊用的东西（蚊帐、花露水）；一些常用的药品（感冒药、胃肠宁、谷维素等）；考试需要的文具用品，等等。另外，爸爸还给你写了一封备战信，准备了两套试卷、100 道国学常识题以及一篇关于五四运动的高考押题作文范文。

生活上的琐事需要悉心准备，但这些还不是最重要的，如何在有限的时间里和你进行深度的沟通才是最重要的事情。沟通的目的是对你心中的压力做一个疏通，帮助你舒缓压力，让你以最平和的心态去迎接考试。

匆忙中，又到了该走的时候。我默默地把你要带走的东西分门别类地装进拉杆箱，翻来覆去地检查了好几遍，生怕落下任何一件重要的东西。下楼送你出小区，虽然只有不到200米的距离，但我感觉这条熟悉的路却是那样陌生，身边的景物又是那样模糊。

你背着背包走在前面，我拖着箱子跟在你身后。此时，爸爸突然发现，你比爸爸高出了许多，你的身材高大而魁梧，步伐坚定而从容。刚到门口，云迪爸爸的车便到了，我把箱子放进车的后备厢，你回头看了一眼我和你妈，说了句"我走了"，便坐进车里。

车子渐行渐远，我在马路边站了好一会儿才缓过神来。

不知不觉间，眼睛已湿。

像龙应台《目送》中所讲的，"你和他的缘分就是今生今世不断地在目送他的背影渐行渐远"。

2019 年 5 月 27 日

高考印迹

儿子：

　　你现在终于可以享受属于自己的假期了。爸爸仍然要去忙碌，在出差期间，爸爸把属于我们的点滴记录下来。我想，我们共同经历的这段时光一定会成为我们父子间最珍贵的记忆。

　　爸爸会永远记住那个时间点——2019年6月11日下午6点26分，当你满脸笑容地从北大五四体育中心走出时，这意味着，高考终于结束了。所有的忐忑、焦躁和紧张，在这一刻，全部释然了。

　　结束了，终于结束了，一路走来，你做到了无惧、无悔、无憾。

仍记得，高考前我们想去学校看看你，你说，"不必了"，但爸爸从你的语气中能够感受到那种渴望的味道。

仍记得，高考结束第一天，当考生普遍对数学喊难的时候，你打电话过来，语气是沉稳而淡然、但爸爸感受到的却是一丝丝隐忧。

仍记得，中国科学院大学、北大考试的前夜，你仍然做题到深夜。你说，需要保持考试的状态。爸爸望着你坐在桌前单薄的身影，眼睛已湿润。

仍记得，你告诉我们，高考的最后一场考试，在英语考试的前半段，你的大脑一片空白，全身汗流不止，爸爸知道，这分明是大战到最后所表现出的体力不支。

仍记得，6 月 10 日上午 7 点半，北大自主招生考场外，你坐在楼后的石头上，面无表情，用外套蒙住头，趴在膝盖上，足足有五分钟，爸爸知道，你是在增加自己内心的力量，用内心的刚毅去坚持。

仍记得，北大笔试结束，你慢慢地走出考场，你的双手是冰冷的，爸爸能够感觉到你身体仅存的一点体力已经耗尽。这时爸爸的心是痛的。

仍记得，6 月 10 日下午 6 点半，北大五四体育中心外，太阳依旧耀眼，你走出体测考场时满脸的灿烂，是爸爸在这四天奔波中看到的最美风景。

儿子，2019 年的高考注定是你人生中浓墨重彩的一笔，它将在你的青春底色上留下属于自己的印痕。

2019 年 6 月 14 日

第
86
封
信

高考的意义

儿子：

　　昨天北大山东招生组打来电话确认能够录取时，我们悬着的心终于落了地。三年的艰辛，终于有了回报，当一切都尘埃落定后，爸爸除了高兴之外，更多的是心疼。我落泪了。我知道，你的内心也很不平静。我清楚，取得今天的成绩，不仅是你自己的成功，也是对爸爸青春的救赎。

　　微博热搜上，曾有一个"假如醒来发现自己在高三"的热门话题，其中"珍惜每一刻，好好努力一次"的留言，收获最多点赞。对于这个话题，爸爸内心的感触是那样强烈。有句话说得很好，"上学时没吃过的苦，生活都一点一点地还给了我"。世上最令人遗憾的，不是我不能，而是我本可以。这个令无数高三学子痛苦不堪的当下，却是多少过来人梦寐以求却再也回不去的曾经。

这三年里，你过的是苦行僧般的生活，拼尽全力，一直行进在路上。我则努力地帮你抓住每一次机会，无论是在学习上，还是在心态上，竭尽全力地帮助你完成锻造。儿子，你要相信，所有吃过的苦、流过的泪和付出的努力，生活总会以其种方式回馈给你。

我在想，参加高考的意义究竟是什么呢？我想，应该不仅仅是为了考出好成绩，更重要的是，拼尽全力的过程本身就是一种收获。

经历磨炼，变得优秀，是这场考试之于人生而言最大的意义吧！

2019 年 6 月 28 日

附

北大自主招生自荐信

尊敬的北京大学招生办老师：

您好！今吾以一追梦少年之身份写此信，希望能进入贵校环境科学与工程专业学习。

一、吾之学习简历

吾于农历辛巳年八月十八酉时出生。父母为之取名马啸天，乃期吾："即使无法成为驰骋寰宇之俊才，仍希望能有骏马仰啸于长天之气魄。"

自幼儿始，则日诵四书五经之典籍，耳濡目染，心植传统之根基。随年龄日长，国学之薄养渐现，"博学，审问，慎思，明辨，笃行"为学之道渐入心脾。

自上高中以来，吾以"格物、致知"为理学之精神，获奥赛数学省级二等奖，奥赛物理省级三等奖之荣；以"深思、力行"为基点，又获两项科技创新奖（无人机机臂的折叠装置获第三届世界发明创新论坛金奖、方便携带视力测试仪获全国教育创新科研成果大赛一等奖）；日久，国学情韵日显人文之美，"语文报杯"全国现场决赛二等奖和"叶圣陶杯"三等奖成吾文学积淀之回馈。

"立德树人"乃国家教育之基本。吾深念韩愈之语："博爱之谓仁，行而宜之之谓义，由是而之焉之谓道，足乎己而无待于外之谓德。"时日久长，仁德之心渐蓄。吾于假期走进乡村，深悟农村贫困之状，深哀民生之艰辛，以此体验完成《农村精准扶贫报告》；以爱心之感召，走上街头，为身患白血症的学姐募捐；以德心为指引，利用寒暑假慰问孤寡老人和留守儿童。

以此，自感虽尚未达德才兼备之能，但已俱薄才仁德之雏。

二、吾之职业理想

用科学改变环境之梦想源于初中。吾之家乡乃华北腹地，为污染重地。因雾霾之害，令吾染鼻炎之疾，每逢寒冬，痛苦愈甚。而切实环境之恶远不止于此。自此，还天地清爽之志乃立。复思当下中国恶劣环境之影响，黎民寄青山绿水之渴望，皆促成吾毅然选择环境科学与工程专业之信念。

2018年夏，吾有幸参加北大环境科学与工程学院暑期课堂，并喜获优秀学员之称号。燕园数日，吾对梅贻琦先生"大学之大，不在大楼，而在大师，更在大爱"之语更有深悟。古语有云："向上意则坚，心定路方长。"理想既定，吾惟沿"认知、定位、成长、超越"之路择善而行。如此，方能发挥自我之潜能，完成人生理想及价值之安顿。

三、吾之大学规划

健全人格之塑造为成人之基。

教育含"智育、情育、意育"三义，意即"教人不惑，教人无忧，教人不惧"。梁启超先生将此概括为"智仁勇"三则，此应为大学人格塑造之三要。如三者皆俱，则健全之人格可成，国家之责可担。

"知行合一"为专业实用之要。

"聪明智慧"为做事尽善之基。因此，吾定要养成聪慧之态度，力求学业上做到"苟日新，日日新，又日新"，且要"知行合一"。如此，则可实现"理论精研，践行到位"之目的，假以时日，业可达至善。

三观塑造为人生价值实现之根。

当代之大学生，三观塑造不可懈怠，其能决定人生之四度（高度、深度、宽度、温度）。三观若成，需走三步。一为自省，需做到"超越限制，日日反省，向内探求"，此之谓知；二为自得，需有"日有其功、日新其德、日增其慧"之果，此之谓悟；三为自达，需体味"万物之本末，万事之始终"之境，此之谓哲。如能"知、悟、哲"三者皆备，三观可成！

大学乃人生大道成就之地，以上三点应为吾大学研修之三要，如能毕四年之功，对其有所悟、有所成，人生之道近矣！

四、吾之北大梦想

如能就读北大，贵校"雄厚之师资及学术成果"定为吾学业有成之基石；贵校"思想自由，兼容并包"之学术精神定利吾实现人文素养及人格魅力之塑造；贵校"爱国、进步、民主、科学"之五四精神定助吾完成家国情怀思想之积淀。

"仰望博雅塔，寻迹未名湖"为吾之人生至愿。

此乃一有鸿鹄理想之青年、一心怀天下之青年、一心系百姓之青年、一心希望人生至美至善之青年顿首。

此致

敬礼！

申请人：马啸天

2019 年 3 月